もしも日本から政治家がいなくなったら

元衆議院議員
金子恵美

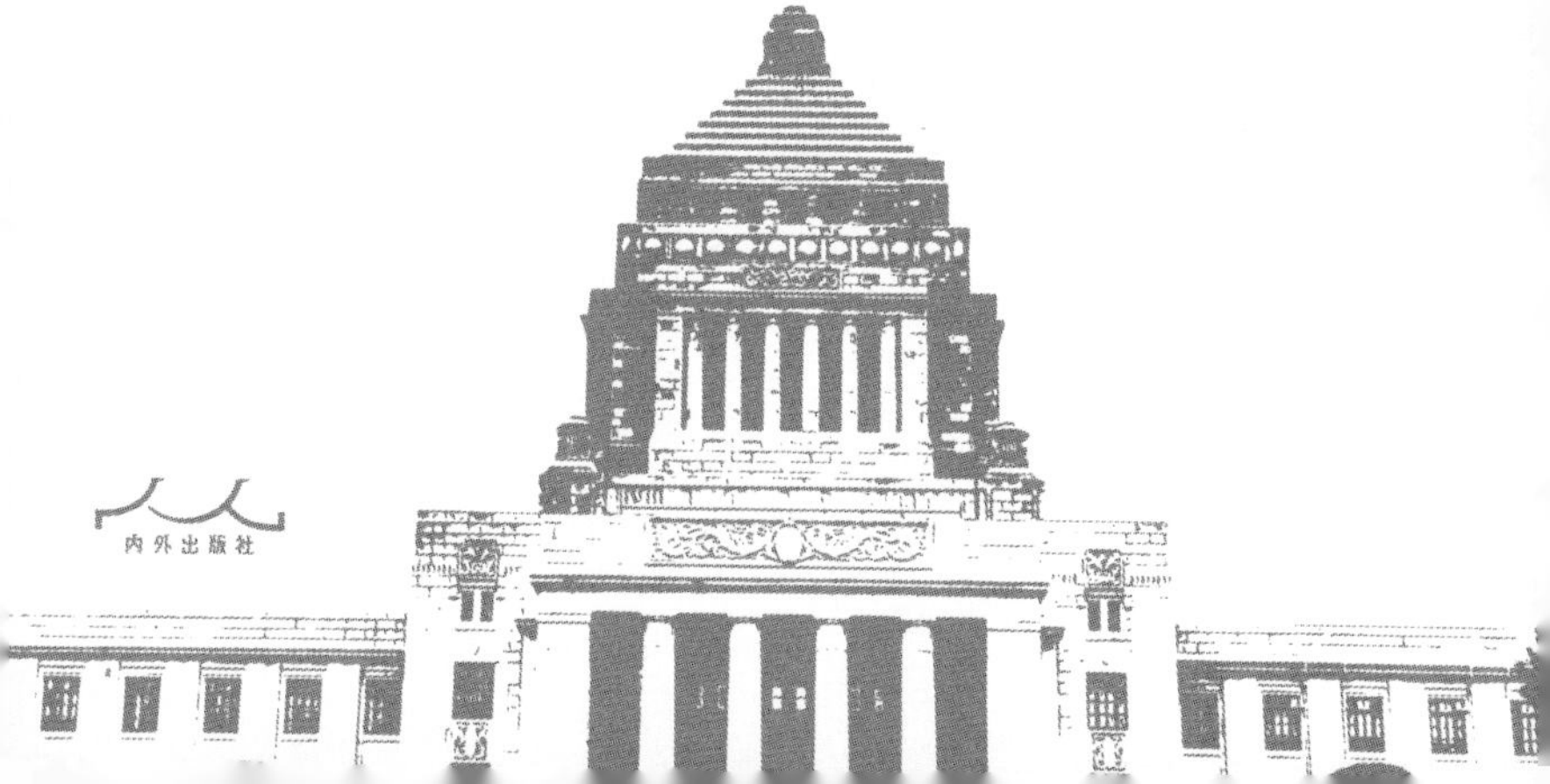

内外出版社

本書はフィクションです。日本によく似たパラレルワールドでの出来事を論じています。

「もしも日本から政治家がいなくなったら」目次

プロローグ…6

Chapter 1
政治家がいなくなったら、財政に余裕が出た！ノ巻…12

Chapter 2
政治家がいなくなって２年。財務省が強大な力を持つ!? ノ巻…54

Chapter 3
政治家がいなくなって25年。金子恵美が最高権力者に！ノ巻…124

エピローグ…196

まんが

もしも、政治家がいなくなったら!?…10
浮いたお金で生活にゆとりが出た!…22
国会議員は儲からない…38
霞が関が思うがままの増税ラッシュが始まった…66
政治家がいなくなり、辛口ドライなニッポンに!?…80
パンデミック発生! 政治家がいないとどうなる?…114
世襲議員、地方議員出身議員、官僚出身議員、雑草議員…144
新たに選挙制度をつくって、日本に政治家を復活させます!…178
選挙カーと選挙ポスターで街は喧噪だけど…194

プロローグ

初当選して新潟市議会議員になったのは29歳のときでした。

その後、不思議な巡り合わせで県議会議員、国会議員となり、プライベートでは、宮崎謙介との結婚、息子の出産も経験しました。

10年ほど議員生活を送りましたが、41歳で政界を引退。

子育てをしながらひとりの国民として暮らしていくなかで、最近、こんな声をよく耳にするようになりました。


「政治家は不祥事が多くて信頼できない」

「政治家の発言は表面的で誠意を感じない」

「国会では居眠りや暇そうにしている議員が多いけれど、やる気はあるの？」

「ふだん政治家はいばっているくせに、選挙になると、お願いがしつこい」

「お金をばらまいて〝自分の手柄〟みたいな顔をするけど、ばらまいているのは、俺たちの税金なんだよね」
「政治家は身を切らないのに、私たちには増税ばかりを強いる！」

みなさんの目には、政治資金を不正利用して追及される議員の情けない姿や、きちんと受け答えをせず、口が達者で世間を煙に巻く議員の不誠実な姿などが見えているのですよね。

はたまた本会議中に居眠りをしたり、ヤジを飛ばしたり。

そうかと思えば、予算委員会でスキャンダルをしつこく追及したり。

メディアでおもしろおかしく取り上げられることもあり、全員が全員ではないのですが、そうした姿がよく目につくのです。

ふだんは上から目線で発言をする政治家が、選挙になると票欲しさでいきなり下手《したて》になったり、握手攻めや選挙カーでのうるさい遊説といった泥臭いＰＲ合戦を繰り広げたりするので、「もう、うんざり」と思われているのでしょう。

政治家には、選挙のときだけでなく、お互いの距離が縮まるような日頃の活動や運動が大切なのに……。

さらに、今この物価高で生活が厳しくて苦しい時代、政治家は自分たちの身を削る姿を示さずに、増税を声高に叫ぶので、「私たちの負担だけを増やす気か！　だから、嫌なのよ、政治家って」となるのもよくわかります。

これまで政治家たちは、そうした態度を繰り返してきた気がします。

政治家への失望は、結果的に政治に対する不信感や無関心につながっていくのでしょうね。多くの方々が政治家への不満を抱えながら生活しているのだと実感する日々です。

政治家なんて、もう要らない!?

こんな政治家ばかりだと、「政治なんて誰がやっても同じだ」と感じてしまうのも無理のない話です。

だから、政治家なんて要らないし、今となっては政治家なんて目指す職業でもないという人たちが多いのだと思います。

ただ、リアルな政治の場に携わった私からすると、みなさんが思っているほど政治家は悪い人ばかりではありません。

政治家には失望しているかもしれないけれど、日本から政治家がいなくなったらさまざまな不都合が生じてきます！ だから、奇想天外かもしれませんが考えてみました。

もしも、日本から政治家がいなくなったら、どうなる？

1 選挙期間中の街中。
選挙カーが騒がしく、あちこち候補者のポスターだらけに

2 テレビやネットでは上面だけの公約を
大きな声で主張した映像が流れている

もう〜
うるさい！
もしも政治家がいなくなったら！
ウワベ軽男〜！
ウワベ軽男に一票を！
源始パレオに清き一票を!!

3

しーーーん

4

Chapter 1

政治家がいなくなったら、財政に余裕が出た！ノ巻

さっきまで騒がしかった選挙カーが消えて、町中が静かになりました。政治家がいなくなり、選挙もなくなったのです。「金食い虫」ともいわれる政治家がいなくなったら、国の財政にどのくらいの余裕が生まれるのでしょうか。具体的な数字を見てみましょう。

国会議員がいなくなったら年間約●▲■億円が浮く！

さて、自分の願望を叶えることができる不思議な力のおかげで、ニッポンからありとあらゆる政治家が消えてしまいました。

いなくなったのは政治家だけではないですよ。制度としての政治も消えたわけですから、各議会に勤める職員、政治記者や政治評論家といった政治に関するすべての人がいなくなりました。

国会議事堂をはじめとする全国の議会から人が消えました。もちろん各政党の本部なども空っぽです。

いなくなったのは政治に関する人だけ。ほかの国民の日常に変化はありません。

ある日突然、政治家がいなくなった世界で、気になることといえば、そう、お金です。

一体どのくらいのお金が要らなくなったのでしょう？　興味がわきますよね。

政治家のいわゆる給与やボーナスは税金から支給されていますし、選挙にも税金は使われています。

「政治家は金食い虫だ」といわれることがありますが、政治家がいなくなると国の財政にどれくらいの余裕が生まれるのか、想像すらできません。

そこで改めて、調べてみました。

国会議員にかかる経費は1人あたり年額約6800万円

令和3年度（2021年4月～2022年3月）に、国会議員に支払われたお金はいくらでしょうか。

国会議員への支払額は、議員の役職によって変わりますので、ここでは衆参両議院の議長、副議長を除いた国会議員に支払われた額をお伝えします。

給与にあたる**「歳費（＊1）」は、1人月額129万4000円**。

ただし、新型コロナウイルスの感染拡大に伴う経済情勢の悪化で、令和3（2021）年1月～10月、令和4（2022）年1月～3月は20％減で、月額103万5200円。

ボーナスにあたる**「期末手当（＊2）」は、1人年額628万5604円**（6月期と12月期の2回分の合計）。

このほか、かつて文書通信交通滞在費と呼ばれていた**「調査研究広報滞在費（＊3）」は、月額100万円**。事務所に支払われます。

さらに、**「立法事務費（＊4）」は、1人月額65万円**。

それらの諸手当の総額を調べると、1人年額約3900万円です。

そうした諸手当以外にも、「議員秘書手当（＊5）」「議員秘書退職手当（＊6）」「弔慰金（＊7）」といった議員関係経費をすべて加えて、衆参両院の議員定数（＊8）で割ると、**国会議員1人あたりにかかる議員関係経費は約6800万円**です。

ちなみに令和5年度予算の議員関係経費の総額は両院で約1080億円。

その内訳は、

衆議院は約671億円。

参議院は約409億円。

地方議員の給与には4倍近い格差がある

次は、地方議員(＊9)にかかるお金を見ていきましょう。

地方議員の場合、単に「地方」と一括りにはできません。地方はいくつかに分類されているのです。

まず、地方公共団体は、「都道府県(＊10)」「市町村(＊11)」に大別されます。

「市町村」はさらに細かく「指定都市(＊12)」「中核市(＊13)」「施行時特例市(＊14)」「その他の市(＊15)」「町村(＊16)」の5つに区分されています。

東京23区は、それら以外の「特別区(＊17)」になります。

さまざまなパターンに区別される地方議員ですが、給与にあたる「議員報酬(＊18)」にも大きな差がありました。

令和3(2021)年4月1日時点での平均「議員報酬」の1人の月額です。

・都道府県の地方議員…80万9977円
・指定都市の地方議員…79万1125円
・その他の市の地方議員…40万7425円
・町村の地方議員…21万6228円
・特別区の地方議員…60万7870円

大阪市、名古屋市、京都市、神戸市、横浜市、新潟市といった指定都市の議員報酬は、かなりの金額です。都道府県の地方議員とほとんど変わりません。

それにしても町村の地方議員の議員報酬は驚くほどの少額です。行う業務はほとんど同じなだけに、活動に見合った報酬なのかと感じます。お金がすべてではありませんが、ないとしても、これでは町村の地方議員のなり手不足の問題が生じるわけです。

ちなみに、**都道府県の地方議員の「期末手当」の平均は、１人年額389万4940円**（平成30（２０１８）年４月時点）でした。

また、市区議会の地方議員の期末手当の平均支給率は３・６か月（平成29（２０１７）年12月時点）、町議会の地方議員では３・４か月（平成29（２０１７）年７月時点）と報告されています。

町村の地方議員はもはやボランティア

町村の地方議員の月額21万６２２８円は、ほかの立場の職員や民間の経営者などと比較すると、もうボランティアの世界です。だから、名誉職みたいなものです。

比較的時間の融通が利く仕事の方が時間をやりくりして兼業していたり、リタイア後に地域活動の延長としてだったり。ありがたい存在ですよね。

でも、本当であれば、支払う金額を上げて、若い人たちが議員活動だけで生活できるようになればいいのですが、実現するのは財政的にも世論的にもなかなか厳しいでしょう。

国会議員の維持費は1年あたり約2041億円

ふだん私たちは、「衆議院議員の総選挙には450億円かかる」と言っていますが、今回調べてみたら、令和3年の総選挙で実際に使われた金額は約691億円！　正直びっくりしました。

参議院議員の令和元年の通常選挙では約583億円かかっていました。両院合わせると約1274億円。

では、日本で国会議員を維持するために使われるお金は、どのくらいなのでしょうか。

令和5年度予算の議員関係経費は、**衆議院が約6671億円、参議院が約**

409億円。両院で約1080億円。

衆参両議院の直近4回の国政選挙にかかった費用平均を平年度化して試算した**1年あたりの選挙費用は約402億円。**

国会議員がいなくなると不要になる**政党助成金（令和3年度実績）と国会図書館経費（令和5年度予算）の総額が約559億円。**

合わせると約2041億円。

あくまで概算になりますが、**日本から国会議員がいなくなっただけで、年間でその2041億円が浮く**わけです。

浮いたお金で生活にゆとりが出た！

1

2

霞が関
○○法案
成立！
□□法案
成立！
△△法案
成立！
さっさ
さっさ

3

おまかせください!!
やっぱ
霞が関の官僚って
優秀だよね～
政治家いなくて
ぜんぜん平気だね！
うんうん

4

2041億円あったら防衛、子育て支援、デジタル化に使う

ニッポンから国会議員がいなくなっただけで、国家予算の歳出額から年間2041億円が浮くことがわかりました。さぁ、次は、「その余ったお金を何に使うか」というお話です。

ちなみに**令和5(2023)年度の国家予算の歳出総額は、114兆3812億円**となっています。

正直、調べる前から、歳出総額と比較すると率としては多くはないとは思っていました。ですが、実際に2041億円という数字を単体で目にすると、あれ、

多い？　けっこう使いでがありそうかも。

みなさんはいかがでしょうか？

多い、少ない、そのいずれであっても、あまりにも額そのものが大きいので、なかなかイメージしにくいかもしれません。


センエツながら、もしも私がこのお金を自由に差配できるとしたら、毎年決まって予算が確保される道路や橋などを整備する公共事業費（＊19）ではなく、「今までは財源がない、とされていたけれど、**本当はきちんと予算が確保できたらいいのに」と思われている分野に使いたい**です。

それは「防衛」「子育て支援」「デジタル化」の3分野です。

2041億円をこの3つの分野に振り分けるというより、できれば集中してどこかに投入するほうが効果的でしょう。

一番に妄想するのは、防衛費への上乗せ

そもそもこの話の大前提として、予算を差配する「国会議員がいない」のですから、ニッポン社会のさまざまシーンで秩序が乱れてくる可能性大です。

外交問題を表舞台で調整する政治家がいないニッポンでは、「同盟国との連携」などで何らかのトラブルを抱え込んでしまうケースも想定されます。

他国からの要望に対して可能な限り応えないといけなくなれば、やっぱりお金は必要になるでしょうね。

そう考えると、いちばん現実的なのは、「防衛費（＊20）に上乗せする」、そういう話になると妄想します。

政府は、防衛費についてわかりやすい説明をして！

令和4（2022）年の年末、岸田内閣（＊21）は防衛費を増額するために、「一

部国民負担をお願いする可能性がある」と発言して話題になりました。増額分のおよそ4分の1にあたる1兆円強は、私たちから税金を取って対応するというので、大きな反感を買ったのです。

もともと防衛費は中身が見えにくいので、その内容や内訳をもう少し丁寧に伝えるべきではないでしょうか。しかし、政府はそういうところの説明が足りないというか、「ヘタだな」と思いながら私はニュースを見ていました。

たとえば令和5（2023）年の1月、岸田文雄首相（＊22）は短期間ですごいことをやりました。

G7（＊23）の5つのメンバー国、フランス、イタリア、イギリス、カナダ、アメリカを歴訪し、各国首脳と会談してきましたが、1週間で世界一周です。がんばりましたよね。さすが〝外交の岸田〟首相だと思います。

ロシアがウクライナに侵攻するという信じられない事態が起こって、今の時代、戦時には戦闘機的な武器だけでなく、宇宙・サイバー空間などのさまざまな情報も必須だということがよくわかりました。

いざというとき、味方になって情報提供をしてくれる国がどれだけいるかはかなり重要です。そういう意味では、アメリカだけでなくイギリスともしっかりと連携できる協定を結んできました。

知られているようで知られていないのですけれど、アメリカのバイデン大統領(＊24)との会談では、**日米同盟の抑止力と対処力のさらなる強化を図る方針で一致**しました。私たちにとってかなりの安心材料になる取り決めです。

日本の安全につながる素晴らしい取り組みをしてきたのだけれど、アピール不足のせいなのか、みなさんにしっかりと伝わっていないのが残念です。

アメリカの言いなりではなく、「日本が主体的に動くためには、アメリカとの連携が大事だ」という話をどうして誰にでもわかるように発信しないのか不思議です。

「新聞に書いてあるから、情報は十分発信されている」という見解かもしれませんが、SNS全盛の時代、もはや新聞を読まない人は多いので、政府も時代に合わせた「伝える工夫」をすべきでしょう。

もしも2041億円があったらという空想の世界の話ではなく、現実の世界での防衛費増額については、わかりやすい説明を果たしたうえでの提案であってほしい。ましてや増税をお願いするのなら、まったく説明が足りていない気がしています。

育休中の彼女や彼を支える、周囲の人たちの支援に使う

現在の子育て支援というと、「保育の受け皿を増やす」「保育士さんの手当を増やす」、また「子育て支援に積極的な企業への補助金を保証する」といったものが主流です。

そうした支援は、当然ですが「育休を取る人」に目が向いています。どれも大切な内容ですし、女性のキャリアを止めないためにも必須事項であることに異論はありません。

さらに、私はもう一歩踏み込んだところの、「周囲の人たち」に対する財政支援も必要だと感じているので、そこにお金を使いたいです。

現状では、しわ寄せがいっている方々に対しての配慮まで、なかなか声は上がらないですからね。

実は**企業側には、社員1人が育休を取ると35万円ほどの補助金が支給**されています。それはたぶん企業の上層部は知っていても、同僚たちにはあまり伝わっていないでしょうし、給与に反映されることもないでしょう。

ですから、「育休中の彼女や彼の分まで、私たちが働かされるのよね……」というマイナス方向にどうしても気持ちが動きがちです。

今、企業に支援している補助金の比ではないくらい多額のお金をつぎ込むことができたら、企業はもちろん、明確に負担が増えた部署の人たちにも手当が支払われて、みんな大喜びできるのです。

「子育てを温かく見守っていきましょう」と意識が変わっていきますよね。

そんなふうに育休を取ることに対して、冷たい目をする人をなくしていくことも子育て支援の一環です。

この本を印刷する直前の令和5（2023）年3月、三井住友海上火災保険株式会社では、育休を取得した社員と同じ職場で働く同僚に、最大10万円の一時金「育休職場応援手当」を支給することを発表しました。民間独自の動きを政治が後押ししてほしいですね。

毎年2041億円を投入して社会の環境が少しでも整えば、「育休を躊躇せず、負い目なく取れるよりよい社会になるのでは」と期待します。

地方にお金を配って、デジタル化を一気に進める

デジタル化については、「日本は遅い」と言われ続けて、コロナ禍でその実態が浮き彫りになりました。そこで今、デジタル庁(＊25)もがんばって旗を振っているのですが……。

しかし、聞くところによると、地方自治体は、システムとしてデジタル化が必要なのはよくわかっているのですが、「端末を買うお金はありません」「導入する

費用がありません」といった感じのようです。
デジタル化については、もっと真剣に考えて投資したほうがいいでしょう。

菅義偉前首相(*26)は、社会のデジタル革命であるＤＸ（デジタルトランスフォーメーション）を政権の最重要課題としていました。

令和２（２０２０）年10月の所信表明演説では、行政のデジタル化を進めて、「今後５年で自治体のシステムの統一、標準化を行い、どの自治体にお住まいでも、行政サービスをいち早くお届けします」と述べています。

あのときに「言いきった」と思いましたが、すでに3年近くたってもなかなか進展していません。残り2年で全国の自治体のデジタル化を実現できるのか？

自治体のやる気と能力がもちろん関係しているのですが、**デジタル庁がいくら旗を振っても自治体が応じられないのは、やはり財源が大きなネックになっているから**でしょう。

竹下政権(*27)のとき、昭和63（１９８８）年から平成元（１９８９）年にかけての「ふるさと創生事業」では、地域振興のため各市区町村に1億円を交付しました。

経済状況のいい時代でしたから、無計画に巨大なモニュメントや箱物を建設したり、1億円の金塊を展示したりするなど奇抜なアイデアを打ち出すところもあって、「ムダ遣いの典型」「ばらまきだ」として批判されることも多かったですよね。

でも、それは自治体の使い方であって、使う側の知恵の問題です。

ある意味において、竹下登元首相は先見の明があった政治家です。

ふるさと創生事業は、地方自らが主体的に創意工夫して地域づくりをする、今でいう「地方創生」です。地方創生が行き詰まった結果の東京一極集中の是正もできず、人口減少問題の克服もできないのは残念すぎますし、私はよくそのテーマで講演をしていますが、はっきり言って困ったことなのです。

もしも2041億円で同じことができるのなら、私は地方にお金を配って、各自治体のデジタル化を着実に進めます。というか、財源不足で立ち止まっているなかで、それを進めさせてあげられる、最強の良案であると思います。

国会議員がいなくなって浮いたお金
宮崎謙介ならこう使う

元衆議院議員であり、私の夫である宮崎謙介さんにも、「もしも2041億あったら、何ができるか」を聞いてみました。

「少子化対策」と「スタートアップ支援」に使う

浮いたお金の使い道には2つあって、私・宮崎なら「少子化対策」と「スタートアップ支援」に使います。

少子化対策は、日本がずっと抱えてきた課題です。

ですが、少子化対策を行うための財源がないといわれていて、なかなか思うように進んでいない現状があります。最近では少子化対策のために増税をするという話も出ているほど。

ここに政治家がいなくなって浮いたお金を使えば、やれることはたくさんあるでしょう。

たとえば、不妊治療の範囲の拡充として、「結婚していない人の卵子凍結を支援する」というものです。現在の卵子凍結は自由診療で保険適用外のためかなり高額になってしまいますが、税金でカバーできると卵子凍結へのハードルが下がり、20代のうちに卵子凍結をする人の数が増えます。

健康な状態の卵子を採取し保存しておくことで、30、40代に妊活をすることになっても20代に採取した卵子を使うことができる。結果的に妊娠・出産率の上昇につながると思います。

もうひとつはスタートアップ支援です。

今は昔と比べて起業しやすくなり、学生のうちから起業する方は珍しくありません。ですが起業するにあたり、ネックになるのがお金です。

たとえば会社設立時に「登録免許税」という税金を法務局に納めなくてはなりません。これが20万円ほどかかるのです。資本金1円から起業できる時代なのに、登録するだけで20万円も必要になることは、起業の妨げになってしまいます。

優秀な人材が起業し活躍していくことが、この先の日本の成長につながっていくので、スタートアップ支援にはしっかりと投資をするべきだと考えます。

1

2 当選したら、事務所代、車代、
私設秘書の人件費の負担がのしかかり

3　事務所の外ではいつも借金取りが!!

4

政治家の維持費は多すぎる！借金しないと議員になれない現実も!?

「政治にはお金がかかる」といわれていますが、確かにそれは事実です。

政治家は歳費や期末手当など年間およそ３９００万円を支給される厚遇ではありますが、すべてが丸っと政治家個人の所得になるわけではありません。

個人事業主と考えるとわかりやすいと思います。年間およそ３９００万円は事業収入に相当し、ここから事務所の賃料やスタッフの人件費など、負担する経費すべてを支払います。

私の事務所はいつもギリギリで自転車操業の経済状態でした。

「えっ？　それは本当の話ですか？」

そんなふうに怪訝に感じられるかもしれませんが、本当に本当の話なのです。現職時代の苦しい懐事情、恥をしのんでお話ししようと思います。

まずは、なんといっても選挙にものすごくお金がかかります。とはいえ、国会議員と地方議員では雲泥の差なのです。

私が新潟市議会議員の選挙に初出馬した際、500万円の借金をして選挙費用を用立てました。市議会の選挙では、一般的に1000万円近くは必要だと思っていいでしょう。

次の新潟県議会の選挙でも、だいたい同じくらいの金額がかかりました。

私の場合、県議会の選挙は補欠選挙(＊28)だったので1000万円程度で済みましたが、県議会選挙でも多くかける人はいて、ベテラン議員で1億円は使ったと聞いたこともあります。

国会議員の選挙では、自分の持ち出しで最低3000万円はかかります。

もはや借金をしないと用意できない金額です。自民党からもらえる政党交付金（＊29）もありますが、それだけではとてもじゃないけれどまったく足りません。「地盤・看板・鞄（＊30）」が揃っている二世、三世の世襲議員たちですら、「もう、結構たいへんだよ」とグチっているほどですから。

銀行や支援者の方々から貸してもらった借金は、どの議員も議員活動をしながら地道に返済しています。

最後になった衆議院選挙では、うちの事務所の収支報告を見て、「よくこれで収めたな」と思いました。それでも4000万円弱はかかったのですが、少ないほうです。「金子はケチだ」と陰口をたたかれながら、かなりがんばって切り詰めて戦った選挙でした。

5億かけたら当選できるが、4億だったら落選するという、「五当四落」という言葉が、国政の世界ではよくいわれてきました。すでに過去の時代の話で、今はそんな選挙はできないですし、やっていないと思いますが、昔から選挙にはかなりのお金がかかっていました。

なぜ？　どうして？　選挙に大金がかかるのか？

「どうして選挙にそんな大金がかかるのか？」

みなさんは不思議に、いやきっと不信に思われていますよね。

派手な選挙キャンペーンをしなくても、そこそこの選挙をする場合でも、選挙資金は必要なのです。

たとえば選挙ポスターなどの制作費。ほかには選挙事務所の賃料やスタッフの人件費などの経費もかかります。また、選挙カー(＊31)のレンタル料にガソリン代なども要りますし、供託金も必要です。

また、政治家は、選挙期間中の選挙活動だけでなく、選挙前から地道な広報活動を行っています。

きめ細かく議員として動きたいと考えるなら、政治家本人の身はひとつなので、自分以外のマンパワーが必要になります。たくさんのスタッフを雇いたいし、自分の代わりに地域をまわってくれる秘書も雇いたい。

そうすると、「毎月、どれだけのお金が出ていくのか」とため息をつきたくなるほど。**入ってくるお金よりも出ていくお金のほうが、断然多くなります。**

そのなかで選挙の借金も返さなくてはいけないとなると、歳費や期末手当などの年間およそ3900万円以外に、政治資金パーティをしてお金を生み出したり、献金していただいたりして、必死にやりくりするわけです。

私設秘書の給料は、議員が自前で支払う

政治家の事務所には、政策秘書（*32）、第一と第二の公設秘書（*33）を置きますが、その3人分は国からのサポートが受けられます。国が給料を払ってくれるのですね。

でも、秘書3人だけではまったく手が足りずまわらないので、4人目以降は私

設秘書（＊34）を雇います。永田町の議員会館（＊35）にも必要ですし、地元の事務所にも張りついてもらいます。私の事務所には私設秘書が４人いました。

特に地元の事務所で働いてくれる私設秘書は、私の代わりに動いてもらう貴重な戦力です。本来、私が週末に新潟に帰って、地元の祭りや運動会をまわって握手をしたりするわけですが、多忙な国会議員になるとそう頻繁には地元に戻れません。代わりにいろんな地域をまわって、地元のみなさんの声を聞いてもらっているわけです。

ですから、私設秘書は絶対必須。給料は政治家が自前で支払います。

地元の事務所の運営にもお金がかかる

祭りや運動会に行って握手するなんて、時代錯誤の極みだと軽蔑されるかもしれませんね。ちなみに、コロナ禍では、握手はＮＧでした。

私も、「本当にこれが政治家の仕事なのか？」と疑問に感じる部分もあったのですが、実際には地元で名前を連呼して、顔を売って、触れ合って、地道に一票一票を重ねていく、いわゆる「どぶ板選挙（＊36）」をやっていました。

投票用紙に名前を書いてもらうことは、選挙に出る側からすると、一票一票がとても重いのです。とにかく名前を知ってもらえないと書いていただけない。

だから名前を覚えてもらうために必死で握手したり、名前を連呼したりしていました。

祭りに行くと露店がいっぱい並んでいますよね。バカみたいな話ですけど、全部の店で商品を買うのです。焼きそば、フランクフルト、りんごあめ……それらを全部買って、私ひとりでは食べきれないから秘書も一緒に黙々と食べます。

そうしないと、「対立候補のあの政治家は買ってくれたけれど、あなたは買ってくれないのね」と思われそうで……。

今考えるとムダ遣いですよね。ひとつひとつは小さな額ですが、積もり積もれば山となり大きな嶺になりますから。

また、選挙区が広い場合、地元の事務所が1か所だけでは全エリアをカバーしきれないので、数か所に設置することになります。地元の人から、「顔も見ない」と言われないように、各所に拠点を置かなくてはいけないわけです。

私設秘書の常駐まではできないけれど、まずは事務所を構えることで、「この地域の方々にもより近い距離で声を聞かせていただきます」というメッセージを伝えることができます。

そうしたアドバイスは先輩政治家や後援会の方々からたくさんしてもらいました。でも、1か所増えるだけで、家賃が……経費が……ものすごくかかるから、本当に悩ましかったです。

自転車操業どころの話ではないのですね。もう首が回りませんでした。

議員時代、自由に使えたのは月7万円ほど

まともに政治活動をしていたら、とてもじゃないですけれど、いつもお金が足りません。

ちょっと情けないのですけれど、私が議員時代に自分で自由に使えたお金はいくらだったと思いますか？

それは7万円でした。

「スミマセン、今月もこれしか出せません」と言って、私の個人口座に振り込まれるのは7万円ほど。

新潟と東京を行き来しながら、毎日休みなく身を粉にして働いていた気がしますが……。これが実態です。

みなさん、政治家は札束を前に薄笑いを浮かべながら私腹を肥やしているわけではなく、実際はお金をいかにして工面するか、日々頭を悩ませています。

かつて、新潟では、選挙のたびに次々と田んぼがなくなるといわれていました。田んぼを1枚、2枚、3枚と売り払って、次の選挙資金を工面していたらしいです。

選挙にお金をかけることはやめようという気運があるものの、なかなかそうはいかないのが現実です。

お金に苦労した現職時代、赤坂の議員宿舎は助かった

既得権の象徴とされている議員宿舎（＊37）は、私も使っていました。赤坂の議員宿舎３ＬＤＫの家賃は10万円ほど。永田町に近いので、利便性は抜群でした。赤坂のあの一等地でその家賃の議員宿舎は、確かに優遇されていたと思いますが、「助かっていた」というのも正直なところです。毎朝8時から勉強会があるので、遠くから自民党本部に通うより本当に便利だったのです。

メディアでは、「ここは相場で70万円近い家賃です。それなのに議員はたった10万円ほどしか払っていないのですよ」と、議員ばかりがいい目をみていると報道されるので、そうしたイメージが刷り込まれていますよね。

確かに、あの立地で10万円は既得権だと言われたら、そうなのかもしれないのですけれど。それ以外のところにも目を向けてもらいたいのです。

お金、ないのです！

「お金なくて、もう切り詰めてやっているのです」というのがあまり知られないまま、「おいしい思いばかりしやがって」となっているのが実情だと思います。

私は議員宿舎があって助かったと感じましたが、野党の政治家で、お昼過ぎに永田町に来る方も見ていましたからね。基本的に、週末にはほとんどの国会議員は地元に帰りますが、たまたま日曜日に東京にいたとき、赤坂でのんびりジョギングしている議員の姿を見て、「一体、この人は何をしているの」と。そういう議員のために、「議員宿舎は必要か?」と疑問に思ったことはあります。

議員の活動内容に合わせて、見合う宿舎をあてがうべきかもしれません。

＊1 歳費：国会議員に対して国庫から支払われる給与。
＊2 期末手当：公務員に対して支払われるボーナス。
＊3 調査研究広報滞在費：国会議員が国政に関する調査研究、広報、国民との交流、滞在などの活動を行うために支給される公費。通信費・交通費・滞在費のほか、私設秘書給与の支払い、物品購入、支持者らとの会食代などに広く使われる。使途の報告義務はない。
＊4 立法事務費：国会議員が立法に関する調査研究活動を行うための必要経費として支給される公費。
＊5 議員秘書手当：政策秘書1人、公設秘書2人の計3人まで秘書の給与として支給される公費。
＊6 議員秘書退職手当：政策秘書1人、公設秘書2人の計3人まで秘書の退職金として支給される公費。
＊7 弔慰金：国会議員が在職中に死亡した場合、遺族に対して支給される公費。
＊8 令和3（2021）年当時の衆参両院の議員定数：衆議院は465人、参議院は245人の計710人。
＊9 地方議員：都道府県、市町村、東京23区、それぞれの地方選挙で選出された議員のこと。各地方議会を組織し、その議決に加わる資格を持つ。
＊10 都道府県：都・道・府・県の総称。47都道府県（1都1道2府43県）がある。国と市町村の中間に位置する広域地方公共団体のこと。
＊11 市町村：市・町・村の総称。基礎的地方公共団体である。
＊12 指定都市:人口50万以上の市のうち政令で指定された市。政令指定都市とも。横浜市、新潟市、名古屋市、大阪市、札幌市、福岡市など。
＊13 中核市:人口20万以上の市の申し出に基づき政令で指定された市。青森市、八王子市、横須賀市、金沢市、鹿児島市、那覇市など。
＊14 施行時特例市：平成27（2015）年4月1日に特例市制度が廃止された時点で特例市であった市のうち、中核市などに移行しなかった市。所沢市、茅ヶ崎市、春日井市、宝塚市、佐賀市など
＊15 その他の市：人口5万以上の市。
＊16 町村：町と村の総称。「町」は都道府県の条例によってそれぞれだが、人口5000～8000人以上を条件とすることが多い。「村」の定義は法律では特に定められていないため、市と町の条件を満たさない地方自治体が村になる。
＊17 特別区：東京23区のことで、原則として市と同じ扱いを受ける。
＊18 議員報酬：地方議員に対して支払われる給与のこと。
＊19 公共事業費：国や地方自治体が道路、港湾、ダム、橋、災害復旧といった公共施設の整備を行う経費のこと。

＊20 防衛費：国の予算のうち、防衛装備品や自衛隊の人件費といった防衛目的で支出される経費。防衛省が所管する。

＊21 岸田内閣：岸田文雄氏を内閣総理大臣とする内閣。岸田政権とも。

＊22 岸田文雄首相：本書を執筆時の内閣総理大臣（第100代、第101代）で自民党総裁。首相とは内閣の主席の大臣の意味で、総理大臣を指す。

＊23 G7：主要国首脳会議（Group of 7）の略。サミットとも。アメリカ、イギリス、フランス、ドイツ、イタリア、日本、カナダとEUで構成。今後の国際経済について、首脳レベルで話し合う場とされている。

＊24 バイデン大統領：本書を執筆時のアメリカ合衆国の第46代大統領。民主党所属。

＊25 デジタル庁：国と地方行政のIT化推進を目的として、令和3（2021）年9月1日に発足した行政機関。

＊26 菅義偉前総理：自民党所属の衆議院議員で、内閣総理大臣（第99代）、内閣官房長官（第81代、第82代、第83代）などを歴任。

＊27 竹下政権：竹下登氏を第74代内閣総理大臣とする内閣のこと。在位は昭和62（1987）年11月6日～平成元（1989）年6月3日。

＊28 補欠選挙：国会議員や地方議員の辞職や死亡により、議席に出た欠員を補充するための選挙。補選ともいう。

＊29 政党交付金：国庫から政党活動のために交付される資金。

＊30 地盤・看板・鞄：選挙で必要とされる3つの要素のこと。地盤は支援者が多くいる地域、看板は知名度、鞄は資金の意味。

＊31 選挙カー：選挙活動時に候補者を周知するために使う車のこと。公職選挙法施行令で定められた条件を満たした自動車のみ、選挙活動での使用が可能。

＊32 政策秘書：国会議員の政策立案や立法活動を補佐する秘書。正式名称は国会議員政策担当秘書。

＊33 公設秘書：国会議員の職務を補佐する秘書。正式名称は公設第一秘書、公設第二秘書。

＊34 私設秘書：国会議員が私費で雇う秘書。

＊35 議員会館：衆参両議院の国会議員の執務室がある施設。国会議事堂の道路をはさんだ向かいに衆議院第一議員会館、衆議院第二議員会館、参議院議員会館の3棟が並んで建つ。

＊36 ドブ板選挙：有権者の家を一軒一軒、候補者が訪ね、支持を直接訴える選挙活動のこと。昔は家を訪問する際に必ずドブ板（家のまわりの側溝に渡された板）を渡ったことから、地道な選挙活動をドブ板選挙と呼んだ。

＊37 議員宿舎：地方選出国会議員の東京での生活を保障して、職務を円滑に行うために設置された寮施設のこと。

Chapter 2

政治家がいなくなって2年。財務省が強大な力を持つ!? ノ巻

ニッポンから制度としての政治が消滅し、あらゆる政治家がいなくなって2年が過ぎました。一体どんな国になっているのでしょうか。市民生活は混乱している?　それとも、ニッポンには優秀な霞が関の官僚がいるから問題ない?　果たして……!?

政治家の代わりになるのは霞が関の官僚たち!?

不思議な力のおかげでニッポンから制度としての政治が消滅し、ありとあらゆる政治家がいなくなりました。

それから2年、一体どんな国になっているのでしょうか?

現実世界の日本には、法律(ルール)に関わる3つの機能「立法(*1)」「行政(*2)」「司法(*3)」があり、それぞれ**「立法は国会」「行政は内閣」「司法は裁判所」が担当**しています。その「三権分立(*4)」の考え方は、学校の授業で勉強しましたよね。

念のため断っておきますが、政治家がいなくなるということは、日本国憲法で定められた三権分立の一角が崩れるということ。憲法や民主主義をも超えたSFだという前提で聞いてくださいね。

立法を担う国会議員がいないと法律がつくれないので、その代わりを誰かが担当しなくてはいけません。

ずばり、その役割を果たすのは、行政を実際に担っている「中央省庁(＊5)の官僚たち(＊6)」です。

厳密には法律ではなく、省庁から発令される省令が法律の代わりになるでしょう。なぜなら法律は、法案を可決する政治家がいないと成立できないからです。省令も制定権があるのは大臣ですが、現行制度の中でも専決といって大臣の名のもとではあるけれども、判断の権限を官僚に委任できる仕組みがあります。政治家がいなくなって大臣もいなくなった省庁では、おそらく官僚の役職者が権限を持つことになるはずです。

政治家がいなくなったら、霞が関(＊7)の官僚がすべての法律をつくるようになっていきます。

実は「立法」には「議員立法」と「内閣立法」の2通りがあります。議員立法は国会議員が自ら立案して国会に提出するもので、内閣立法は官僚が原案を作成した法案を内閣総理大臣の名前で国会に提出するものです。現時点で法律の80％が内閣立法です。

ですから法律を作成するという意味では、政治家がいてもいなくなっても、官僚の仕事自体に変化はないのです。

けれども極端な話、官僚は選挙で選ばれた国民の代表ではないから、政治家が不在だと統制が取れなくなるのです。

たとえば、令和5（2023）年の4月から、自転車に乗るすべての人にヘルメットの着用が法律で努力義務化されました。もし、官僚の原案がダイレクトに法律になっていたら、違反者は即罰則になる可能性もありました。

このとき「即罰則はさすがにかわいそうだ」「急なルール変更は影響が出すぎる」と声を上げたのが政治家です。結果、ヘルメットの着用は努力義務という形で法律は決まり、施行されることになりました。

このように、官僚の尖った原案を実態に合わせて丸くするのが、政治家の役目でもあるのです。

政治家がいなくなると官僚は、自分たちに都合のいいような法律を好き勝手につくるかもしれないのです。どんなにやりたい放題しても、お金は国の税金としてどんどん入ってきますし、態度が悪くても、それだけではリストラされないですし。

国会議員だけでなく、地方議員もいなくなれば、役場の窓口対応はかなり横柄になるかもしれません。

政治家がいたら、そんな勝手は許されません。政治家には、「公務員のガバナンス」という、彼らを管理、統制する力もあるからです。

行政機関のトップである大臣を、国民の代表として選ばれた政治家が担うことで、官僚を監視し、行政権力の暴走を抑えることにもなります。

一方で政治家も、国民目線を意識せずに法制化してしまうと、国民から反発を食らい選挙で応援してもらえなくなってしまうため、懸命に法案を調整します。

こうした流れを知ると、選挙に行って政治家を選ぶことが、法律に民意を反映させることにつながるということを感じられるのではないでしょうか。

今、官僚に緊張感を持たせる政治家が必要

政治家がいなくなって2年頃というと、ちょうど中央省庁のなかで権力の偏りが見えてくるころだと思います。

もともと霞が関のなかでも中央省庁のトップに君臨し、巨大な力を持つ財務省(＊8)がより権力を握るであろうことは、容易に想像できます。財務省に逆らえる省庁はないので、独走状態でしょう。

すでに現政権の岸田内閣で起きているリアリティとして感じられる部分も多々ありますからね。

財務省に緊張感を持たせる政治家がいなくなると、すぐに財務省から「増税」の話が出てきます。

というのも、国の金庫番である財務省の評価基準は、「どれくらい税収や税率を上げ、新しい税制を加えたのか」だからです。それらを実現したとなると、財務省のなかでは評価が高まるそうですよ。不思議でしょう。

財務省は、「増税しよう!」の流れを巧みに生み出す

令和4(2022)年の年末から、防衛費の財源を確保するための増税について、たくさんの批判が飛び交っています。

十分に議論を尽くした結果の増税なら、致し方ないと思いますが、決してそうではないですよね。

令和元(2019)年の10月、消費税率は10%に引き上げられましたが、あのときは、「やる」「やめる」の議論を何度も繰り返していました。そうして、国民のみなさんに増税する意味などを少しずつ理解、納得していただきました。

そんなふうに丁寧なプロセスを踏まないで、強引に増税に持っていこうとする

のは、真の政治家なのか？　政治家として信頼するに値しない、無策なやり方ではないでしょうか。

政治は「嫌われてでも、言うべきことを言わなくてはいけない」、それはよく理解できます。しかし、今は嫌われないようにするため一生懸命に説明する努力もせず、すぐに増税を持ち出すのは、まったくいただけません。

やっとポストコロナになり、みなさんが生活を切り詰めながらも、「がんばって生きていこう」と前向きな気持ちになり始めたタイミングで増税の話を始めたら、先行きが不安になりますよね。

みなさんに安心を与えるのが政治ですし、景気はマインドなので気持ちの部分はとても重要です。

真の政治家が不在で、財務省の一部の人たちが暴走ぎみになっているのかもしれません。マスコミに、「増税は反対されていないから、容認しましょう」という情報を出して、「増税しましょう！」という流れを巧みにつくっているとさえ感じます。

振り返ってみれば、安倍晋三元首相(＊9)、菅義偉前首相は、財務省の暴走を止めていたということです。そこに戦後最長となる8年9か月にわたって財務・金融担当相を務めた自民党の麻生太郎氏(＊10)も加わることで両方の顔がつながり、絶妙の塩梅が取れていたのでアンダーコントロールが利いていたのでしょう。

政治決断で増税を実現した野田元首相は、まっとうな政治家

実は私、**立憲民主党の野田佳彦氏**(＊11)**は、のちのちの評価がもっと高まるまっとうな政治家**だと思っています。

首相だった当時は民主党代表でしたが、野田政権下の民主党、自民党、公明党の三党の間で、社会保障の財源を確保するために消費税を増税する改革案を取りまとめ、法律を成立させました。

「三党合意(＊12)」と呼ばれますが、特に**「子ども・子育て支援」のための予算が**

組み込まれたことは画期的でした。

三党合意と引き換えに衆議院解散総選挙に踏み切り、惨敗して政権を失ってしまいますが、**選挙によって国民に判断してもらうプロセスを経たうえで、「必要だから増税する」という本来の選択がきちんとできた政治家**でした。財務省にうまく使われたという説もありますが、私は党利党略だけではないまっとうな政治家だと思うのです。

令和4（2022）年10月、衆院本会議で行われた故安倍晋三元首相への追悼演説（＊13）も素晴らしかったです。

所属する党に関係なく、同じ首相経験者だからこそ話せる内容は心に響きましたし、民主主義の在り方についても考えさせられました。

Chapter 2

政治家がいなくなって2年。財務省が強大な力を持つ!? ノ巻

聞いた〜!?
保険料の自己負担額がアップするんだって
9割ってほぼ自費でしょ！

1

今日も断水だよ〜
仕方ないよ水道管の改修工事ぜんぜんだもの

2

なんかまた新しい税金ができたらしいよ
知ってる！酸素税でしょ
酸素は生命維持に必須なんだから税を取らないって話はどこにいったんだ！

3

霞が関
マンモス税！
狩税！
さく
さく
毛皮税！

4

法案成立のための採決も不要
意思決定がスピーディになる⁉

政治家がいなくなるメリットは、1章にあるように「議員報酬が浮く」という部分がいちばん大きいのです。

些末な話だと、貼られている政治家のポスターがなくなって、「景観がよくなる」こともありますね。

政治家がいなくなることで仕事を失う人も出てきますが、霞が関の官僚たちもある意味仕事量が減ります。国会用の資料作成や政治家へのレクチャーがなくなるからです。今問題になっている官僚の働き方改革が実現するかもしれません。

あえてメリットという側面にだけ焦点を当てると、行政を担う人たちだけになるので、意思決定がスピーディに行えるようになります。

本来は法案を通すための根回しを事前に行い、議会を開いて採決を採って可決され、そうしてようやく法案は成立します。

ですが、政治家がいなくなって議会が存在しない状況下では、役所の人たちの間だけで話がまとまって進んでいくので、意思決定が早くなります。それはメリットであると思います。

ただ民主主義で選ばれた政治家による議会を経ていない法案なので、内容に偏りが出てきたり、もはや民主主義とは言えない諸々の問題があったりするでしょう。

さまざまな立場のいろいろな声は届かず、届いても採用されず

誤解のないようにお伝えすると、官僚＝悪人ではないのですよ。

官僚は知識も情報もありますし、特に専門領域を深く掘り下げて洞察する能力には長けていて、とても優秀な人たちです。

そんな彼らは、法律や制度という既存の枠の中で生きていくのが宿命です。「公務員として違法になることはできない」と常に頭の片隅で意識しているのだと思います。

ちょっと逸脱するというか、冒険的な挑戦をしようとすると、官僚だろうが地方の役場職員だろうが懲戒処分されてしまいますから。

「つまらないことを言うな」と感じるときもありますが、枠の中でやれることを完璧にこなすのが仕事ですから、それも仕方ないでしょう。

官僚が好き勝手に法律をつくったら、多様な声が反映されない

一方、政治家の意識は、枠の外にも向けられています。

世の中の価値観が変わって、刻々と移りゆく世論に耳を傾けられる人たちなのです。また、さまざまな立場の多様な意見、相反する正反対の意見も聞きながら、法律を変えていきます。

「政治家はくだらない飲み会ばかりしている」と揶揄されることが多いですが、そうした席で世間の声を聞き、世論を体感しているのです。

祭りに参加してお神輿をかついだ後など、だいたい飲み会があります。

くつろいだ雰囲気のなかでは、「最近、物価が高いのでやりくりが大変で困っています。もう切り詰めるところがなくて、子どもに塾を辞めさせるしかないんです……」といった町の人の本音が出やすい。直接聞けるいい機会なんですよ。

官僚の職場は基本的に霞が関です。そのため、市井の人々の生の声に触れることは、ほとんどないと思います。

陳情に来る人や団体の声を聞く機会はありますが、自分たちがわざわざ外に出てまで接点を持つことはそう多くはないでしょう。

その橋渡しをするのが政治家です。

官僚に「私の地元では、こんなことがありました。何か対策は考えられないですか」と話をすると、政治家は国民の代表だから、官僚も無視はできません。

官僚のように既存の法律や政策の中だけで物事を進めていくと、この人にとっては今まで通り幸せでも、時代が変わったことで、別のあの人にとっては不幸せなことも出てきます。

政治家がいなくなって、枠の中だけでしか動けない官僚が法律をつくるようになると、多種多様な声を聞いて積極的に法律に反映していくことができなくなります。一律的になってしまうのです。

外務省はさすがに暴走しないが、海外からなめられる!?

今度は外務省(＊14)のことをお話ししましょう。

外務省は過去に表現されたように「伏魔殿(＊15)」ですから、外務省の思惑はよく見えてこない部分がありますが、政治家がいなくなったとしても、諸外国に向けて暴走することは、さすがにないと思います。

しかし、自分勝手にふるまわなくても、さまざまな弊害は生じてくる気はしています。

たとえば台湾外交。

トップ外交だけでなく、議員外交もしっかりとできています。国交はなくても、自民党の青年局を中心に脈々と台湾とのつながりを持ち続け、それは政治家でないと実現できない話です。国交がないわけですから、官僚だけでは困難な局面も出てきます。

もちろん事務方レベルでは、官僚もいろいろな調整をしています。しかし、外交というのはそれだけでは足りず、「セレモニー的な表向きの要素」もかなり重要なのです。

日本にその国の大統領や外務大臣が訪問されたのに、日本側が事務方で対応していたら、立場が弱くなってしまいます。同等レベルの政治家が顔を合わせて、お互いの意思確認をしないと外交では話になりません。

外務省の外交は、とにかく事を荒立てずに他国との関係を維持しようとする傾向があります。そのため、問題があっても俎上に載せないようにします。話題にしたり行動したりすることで、他国を変に刺激し、関係性が悪化することを嫌がるのです。

尖閣諸島の国有化の話がわかりやすいかもしれません。これは、時の総理が相手国に対して、尖閣諸島は日本の領土だという議論に持ち込んだのですが、結果として国際問題化し、中国を刺激することになりました。

外務省にとっては可もなく不可もなくいることが外交の成功なんですね。とはいえ、主張すべき時は他国に対してもきぜんと主張をしていかないと、日本は何でも他国の言いなりになってしまいます。**政治家がいなくなった日本が、外務省だけで事なかれ主義の外交ばかりしていると存在感が弱まり、諸外国から尊重されないようになるかもしれません**ね。

中国外交の話です。

もはや伝説になっていますが、自民党の二階俊博氏(*16)は、かつて中国に3000人の日本人を連れていったことがあります。それも2回。飛行機を何機もチャーターして、政治家や民間の経営者を訪中させました。

そうすると、中国には、「日本からこれだけの人が来てくれた」というメッセージが伝わり、中国の政治家からの信用度が格段にアップします。何と言っても数は力ですからね。

官僚の場合、民間の経営者などは同行せずに自分たちだけで行って、事務的なやりとりをして帰ってくる。そして、「次は大臣が来ます」と道筋をつける。それが現在の事務方の仕事で、とても大事な作業ではありますが、そこまでなのです。

3000人を連れていくのは、相手へのメッセージであり、プレッシャーにもなります。やれるのは政治家で、政治家の仕事でもあります。

官僚だけで外交を担うようになると、他国を圧倒するようなパフォーマンス外交はできなくなります。

未来を考えた外交を行えるのは？

令和4（2022）年8月のアフリカ開発会議（＊17）で、岸田文雄首相は「今後3年間、官民合わせて4兆円規模の資金の投入を行います」と表明しました。

「えっ？　日本は物価高で国民の生活は苦しいのに、なぜアフリカに4兆円も？」と国内では不評でしたが、あれは政治的なとても大きな意味を持つメッセージなのです。

アフリカは「最後のフロンティア（＊18）」といわれています。

日本の人口は約1億2000万人で、2050年には1億人に減少すると推計されています。

アフリカの人口は約14億人で、2050年には24億人以上になるだろうとされています。

日本の合計特殊出生率は1・30ですが、アフリカのそれは4・91ほど。1人の女性が5人近くも出産しています。

私がアフリカに可能性を感じるのは、平均年齢が若いことです。現在の日本は48歳ですが、アフリカは18歳。その先の未来があるのですね。

日本国内の市場は小さくなる一方ですから、経営者としては、アフリカのマーケットを狙いにいくのはしごく当然でしょう。

これまでも日本はアフリカに援助と投資をしてきているのですが、あまりにもアピールがヘタで印象が薄いですよね。それは日本の広報下手、外交努力の問題でもあります。

アフリカには手つかずの天然ガスや石油といった地下資源が眠っていて、すでに日本の民間企業は投資開発をしています。4兆円投資の表明は、今、世界中がエネルギー争奪戦をしている時期に、「日本が投資をしないで、開発に後れを取ったら大変だ」という問題意識があります。

もうひとつは、すでにアメリカ、中国、ロシアが巨額のお金と人材を投資していて、特に中国は存在感が際立っています。「アフリカ覇権（*19）」といわれますが、日本はそこに対抗していく必要があるからです。

目先のことだけで見ると、「なぜ、アフリカに？」と思いがちですが、未来を考えての話なのです。政治は先を見ています。

官僚は目先のことをひとつずつ、たとえば単年度の予算を見ながら仕事をすると思うのですが、**長期的なビジョンで未来の日本を守っていくのは政治家の仕事**なのです。

だから、**政治家がいなくなったら、日本の未来が不安**です。

投資といってもすべてが税金ではなく、無償の資金供与も含みますが、大半は円借款（貸付）で、何より**4兆円という数字が強烈なメッセージであり、アフリカに対する日本の本気度を示しているのです。**

これが政治で、官僚には難しい外交です。

1　町のあちこちにゲートができ、入り口には警官が立ち

2　どこへ行くにも荷物をチェックされ

3　役所の窓口対応が横柄で高圧的になり

4　学習環境は悪化し、教室はぎゅうぎゅう詰めに

宮崎謙介の考えは
街の景観がとてもよくなる!?

まず、政治家がいなくなったら、選挙がなくなりますから、選挙にかかるお金、コストが不要になりますね。

街頭演説や選挙カーで名前を連呼する騒がしい声もしなくなります。

投票依頼のうっとうしい電話もかかってこなくなります。

そして、政治家たちの顔がデカデカと写ったポスターが日本の街中からなくなります。政治家のポスターがなくなると、景観がぐんとよくなります。

法案の賛成・反対は早く決まる

官僚が法律をつくるようになると、法案の賛成・反対は早く決まるようになるでしょうね。

与野党で法案の議論をすると、一瞬で終わる話をダラダラと長引かせているでしょう。予算の話なのに、週刊誌のスキャンダルを延々しているような、くだらない議論がなくなるので、物事は即決即断になると思います。

全国民にテレビのdボタン(*20)**のような装置を持ってもらい、「この法案に賛成ですか？　反対ですか？」と一気に集計して決める新しい方法**も登場するかもしれません。

そうなると、「今まで政治は何をノロノロとやっていたのだよ」という憤りをみなさんは感じるかもしれませんね。

けれど一方で、ものすごくドライになってくると思います。

多数決だから、少数意見に対する配慮がなくなります。低所得者層の負担を軽減させる制度などはなくなっていくかもしれません。

次官連絡会議が内閣になり、官僚のための国づくりに

政治家がいなくなったら、内閣の代わりは次官連絡会議(＊21)になるでしょうが、各省庁の官僚たちは自分たちの省益を最優先に考えます。

官僚は何のために動いているのかというと、もちろん国家、国民のために動くのですが、なかにはトップに上り詰めたいという出世欲が強く、出世が最大の目的とも思われる人もいます。

そんな視点の官僚にとっては、それ以上のことはあまり考えないですから、嫌なことは押し付け合って、綱引き状態になるのです。

面倒くさい案件は、いとも簡単に、さくっと排除されます。

デジタル化もますます遅れそうです。

今までデジタル化が進まなかったのは、よくわからない分野だったからという理由と、効果の見えにくい新しい仕事をしたくなかったという理由があったのかもしれません。

これだと、いつまでたっても、「これまで通り、ファックスでいいよ。紙の書類に印鑑を押せばいいよ」のままでしょうね。

決めることは政治がやる仕事で、それが政治決断。

政治家不在で省庁だけだと、合理的に数字の上だけで判断しがちなので、国民のための国づくりからは遠くなってしまいます。こんなことを言うと官僚は怒るかもしれないけれど、国民の声を近くで聞いている政治家と比べると、そういう傾向になると思います。

財務省が強大な力を持ち、各省庁の株主のような存在になる

お金がないと各省庁は何もできないから、国の金庫番である財務省が王様のような特別な存在になって、さらに大きな顔をするようになります。他の省庁の

トップは財務省にペコペコし始めるでしょう。

たとえば厚生労働省(＊22)は、医療費、介護費、年金、子ども・子育て支援といった社会保障費の4項目でお金を使います。そのお金がもっと欲しいから、財務省に頭を下げてお願いします。

そうすると、財務省は恩着せがましくリクエストに応じて、国民からどんどん税金を取っていく、そんなことが起こってくるわけです。

国会議員という重石がなくなったので、いくらでも自分たちが好き勝手にできる法律をつくれるのですね。

財務省は、おそらく各省庁の株主みたいな存在になっていくのでしょう。

外務省はどうなる？　さらに法務省、経済産業省は？

外務省はですね、もしかしたら他省庁の海外部門に統合されるかもしれません。

国の代表として外務省が諸外国に出向くのではなく、「この案件は経済産業省が行きましょう」というように、案件ごとに担当する省庁が代行するようになる可能性があります。すでに大使館には、各省庁から専門性のある職員が出向しています。

法務省(＊23)は権力が増大します。

特に同省の特別機関である検察庁(＊24)の一部門「特別捜査部(＊25)」がさらに力をつけ、最悪なケースは自分たちの政敵を検挙しまくることも。

また、警察庁(＊26)が強くなり、拷問が行われたり冤罪が増えたりすることも考えられます。受刑者の人権が尊重されなくなって、刑務所が劣悪な環境になり、刑務所内で度々人が亡くなるなんてことも現実味を帯びてきます。

経済産業省(＊27)は、現在でも自由にやっている印象です。

官民ファンド(＊28)の「クールジャパン機構(＊29)」を平成25(2013)年に設立しましたが、大失敗して巨額な赤字が残っています。

コストに対する意識は薄めですが、政治家がいなくなった後は、財務省が経済産業省の立ち位置をどう考えるか、その判断次第ですかね。

要するに**日本全体が「大きな力を持つ経理＝財務省」に支配された会社みたいになっていくイメージ**なのです。

経理は前例踏襲主義だから、新規投資ができなくなります。悲しいことに、日本から新しいチャレンジという爽やかな新風は、すっかり消えてなくなるでしょう。

官僚の年収が上がり、いちばんの人気職業に？

官僚は自分たちの収入を上げるかもしれません。官僚の平均が年収2000万円くらいになる可能性もあります。昨今は官僚離れが進んでいることもあり、採用力を強化するためにも、大胆な待遇改善をするでしょう。報酬が上がれば官僚になりたい人が増えるかもしれませんね。

それから、官僚の天下りが横行し、大手企業と省庁の癒着が激しくなって、中小企業が伸びてこなくなります。新陳代謝が悪くなって、新しいビジネスはますます生まれてこなくなります。

どんどん税収を上げるはずだから、都合よく給付金をたくさん配ろうとするかもしれません。今以上にばらまく可能性はあります。

日本経済団体連合会（＊30）に所属しているような大企業の社員は給与が上がって、あからさまにお金が入ってくるかもしれません。格差が広がるので、官僚側につけた人は「いい世の中になった」と思うかもしれませんが、一方で中小企業の社員や個人事業主、フリーランスは厳しくなります。

おそらく政治家がいなくなって3～5年後くらいに、かなり社会の二極化が進むと思います。

官僚の耳ざわりのいい言葉に、国民は流される

究極の妄想は、官僚が、「国民にお任せします」と聞こえのいいことを言って、自分たちが思う方向に導いていくということです。

国民のためという体裁をとりつつ、国民はいいように動かされてしまう。

コロナ禍での情報操作は激しかったですよね。世界とのギャップは相当なもので、厚生労働省と医師会とが一緒になって必要以上に国民を怖がらせました。同じようなことが、別のことでも起こり得るのです。

国民の意識とずれているところもあるにはあるのですが、政治家は国民から選挙で選ばれた有識者です。

日本は民主主義国家ですが、国民全員の知識が均等なわけではないですよね。ですから、国民全員に直接投票させたら、官僚の情報操作によって誘導される人も出てきます。

国会議員という役割は、いわば行政権力に対して国民が対抗し得る「武器」だと考えてください。

その意味では、今必要な「武器」は何かを常に考えて選ぶことが大事です。錆びた武器、あるいは自分たちにとって不要になった武器は捨て、今有効な武器を選ぶ（＝別の候補者に投票する）、場合によっては有効な武器をつくる（＝新しい候補者を立てる）ということが、自分たちの生活を守るための選択につながります。

私たちは、政治家という武器を使って、そうした最悪の事態を食い止めているのです。

世襲の将軍が統治した江戸時代に似てくるかも

政治制度が消滅したら、日本は江戸時代に戻ってしまいます。昔の奉行所とお百姓さんの関係が復活するのです。

「飢饉なんて関係ない。おい、今年の年貢を持っていくぞ」

「そんな殺生な……。お代官様、ご勘弁ください」

そんな世界です。

江戸時代に選挙で選ばれたトップはいません。代々世襲ですから。

国民の声を聞く立場の人もいませんでした。目安箱(*31)が一時あったくらいで基本的に激しいトップダウンの世の中でした。

議員は国民に選ばれた人たちで、必死に官僚の尻を叩いています。「ちゃんとやってください。手を抜かないでください」とね。

政治家がいなくなって官僚だけの社会になれば……、今より過酷な世の中が待っているかもしれません。

Chapter **2**

政治家がいなくなって2年。財務省が強大な力を持つ!? ノ巻

宮崎謙介といろいろな政治世界を妄想してみた

もしも政治家が全員男性だったら

金子　もう少し細かな設定で、いろいろな政治世界を妄想してみようと思います。最初は「もしも政治家が全員男性だったら」。

宮崎　今でも国会は全員男性議員みたいな空気感だと思うよ。

金子　衆議院でいえば女性議員は約1割しかいないよね。

宮崎　その1割の女性議員さえいなくなってしまったら、まったくもって、荒っぽい世界になりそう。パワハラが横行する!?　そういえば、まだ男性議員しかいない地方議会があるよね。

金子　うん、あるね。**1788ある全国自治体の地方議会の中で14・3%は女性議員がゼロ（令和5（2023）年3月現在）。**

宮崎　男性議員は「女性政策」や「子ども・子育て政策」に疎いので、そのあたりの政策は後回しになってくるだろうね。

金子　男性議員も考えることはするだろうけど、優先順位は後ろになりそう。女性議員には生活者としての目線があるから、子どもや高齢者、障害をお持ちの方など社会的弱者に対する福祉の視点が持てるのだと思うな。

宮崎　国会の常任委員会でも、女性議員は「厚生労働委員会」や「文部科学委員会」に多くて、「経済産業委員会」や「国土交通委員会」には少ないよね。

ビジネス的ではなく、あまりお金にならないが、社会的には重要なことに目を向ける、それが女性議員特有の視点なのだと思う。男性議員だけだったら、「子ども・子育て支援新制度」はなかったかもしれないな。

金子　公明党の男性議員たちは、積極的に声を上げている印象はあるけどね。

金子　「永田町の常識は、世間の非常識」と思うようなことは多いのだけど、それは男性議員がメンツや根回しを大事にしすぎた結果だと思う。そういう世界だから、男性議員だけだったら、ごく一部の上層部の人たちだけで、さまざまなことが決まっていく可能性は大きいかもしれないね。

最近やっと「女性の目線も大事」となって、女性の意見を聞こうとする姿勢は出てきたけど、本心、本音ではまだわからない。女性がポストに就くと、「女性枠だからね」なんて言う男性議員がいまだにいるから。

宮崎　**男性議員だけだったら、期数（当選回数）にすごくこだわりそう。**今の年功序列より、さらに年功序列の体育会系の世界になる。完全なピラミッドの構図だよ。

金子　そうだね、若い男性議員の活躍の場がなくなる気がする。

宮崎　基本的に若い男性議員は長い間雑巾がけさせられる。あるいは、全員野党に移ってしまうかもしれない。

金子　私は地方議員のとき、地元のみなさんから「やっと話せる議員さんができた」と喜んでいただけた。女性の有権者からすると、スーツを着た年配の男性議員には、「素人みたいなことを話したらいけない」と敷居がとても高いけれど、若い女性議員は「たわいのないことを気軽に相談できる存在」なんだそう。

宮崎　そういう意味では、男性議員だけになったら、有権者は政治をより遠くに感じることになるかもしれないね。

もしも政治家が全員女性だったら

金子　では、今度は「政治家が全員女性だったら」。どうかな?

宮崎　これは、政治家が全員男性だった場合の裏返しだよね。女性議員だけの場合は、「子ども・子育て支援」といった社会保障系の内容は充実してくるが、上場企業の女性経営者が少ないのと同じように、男性と比べると、お金を稼ぐことに対する意識は低めだと思う。お金よりもやりがいを重視する傾向が強いから。

金子　確かに。女性と男性とでは、価値観の違いがあるからね。

宮崎　うん、だから**福祉国家的な部分は充実してくるかも**しれない。一方で経済大国としての部分は弱くなるかもしれないな。「みんなで幸せを追求しましょう」という世界観が強くなりそう。

宮崎　女性議員だけでも権力闘争は起こるのかな。うーん、そうだな、女性にも女性の戦いがありそう。永田町の権力闘争は陰湿だしね。

　政治の世界は期数で上下が決まる力学。たとえば年齢が65歳の1期生よりも、年齢が35歳の3期生のほうが偉い。建前上は、目上だから65歳を持ち上げなくてはいけない。けれど、本音では……。でも「期数が多いから偉い」と勘違いしていると、それはそれで痛い目にあいます。主に男性議員の話だけど。

金子　考えてみれば、女性議員は期数のことをあまり話題にしない。女性議員同士の場合「人生の先輩」という部分を大事にするかも。そういう意味では、政治家が女性議員ばかりになったら、若手議員も含め、フラットに活躍する機会がぐんと増えるような気がする。

宮崎　実力主義ということ？

金子 そういうこと。女性は女性を厳しく見る。期数に頼らない分、「政策立案が優秀」だと思われた議員はかなり期待されるよ。

宮崎 女性議員は女性議員のことをよく見ているからね。

金子 常に一緒に仕事をする人を探しているのよ。同じような考え方ができる議員かどうか見極めていると言えばいいかな。数が少ないから、余計にそうなる。

宮崎 そこは男性議員も同じだよ、**政治は仲間づくり**だから。

年功序列と終身雇用があったのは男社会だったからで、女性が入ってくることで成果主義的な側面は確実に強くなった。

金子 そうだね。特に女性議員には成果主義者が多いから。

宮崎 女性議員の発言を聞いていると、バランスを取らずに強烈なことを言う人が多い印象（笑）。

金子 バランスを取らない？ でも数が少ないから目立つだけかもしれない。

宮崎 女性議員のなかには、場が凍るような発言をする人もいるよね。

金子 女性議員は「男まさりでないとやっていけない」と思い込んでいるからか

もしれない。だんだん顔つきもきつくなってくるし（笑）。

今いる女性議員のなかに、さまざまなバックボーンを持つ女性議員が加わって全員女性議員という話だったら、まず華やかになる。

宮崎　確かに、やわらかい雰囲気になりそう。現状の国会で男性議員が評価する女性議員は、どちらかというと、女性のしなやかさを生かしている人。男まさりの女性議員は、実際には煙たがられている。

「先生〜」と相手を上手に立てながら、裏ではしっかりと根回しをして、ニコニコと笑顔で自分の思っていることをやんわりと主張する女性議員の評価が高いんだよ。

金子　それは民間企業でも同じ、出世する女性は。

宮崎　だから、政界も企業も、求められる女性像は同じなんだよね。

金子　要するに「男性が優位に立ちたい」という気持ちが根底にあるから。簡単に言うと、女性が優秀である、前に出るということをおもしろくないと思う男性議員が大勢いるということ。

宮崎　でも、ほとんどの男性議員はそう言っているよ。

金子　永田町で優秀な女性議員が生きていくうえでの処世術になるのかもしれないね。そのほうがチャンスに恵まれたり、自分の発言が通ったりするのであれば、割り切れるのかも。

宮崎　ところで金子さん、子育てしながらの選挙は本当にがんばったと感心しています。

金子　私の最後の選挙のときには子どもがいたので、それまでの選挙とは異なっていたよね。仕事と子育てを両立しながらの選挙を実践したかったので、夜8時には帰宅してた。

選挙期間中の選挙活動は夜8時までだけど、それ以降も事務仕事がいろいろと山積みだから、まだまだ帰れる時間じゃない。でも、夜8時には帰っていた。「時代は変わったのだから、新しい選挙をしなくてはいけない」ということで。

宮崎　ものすごく批判があったでしょ。

金子　怒られてばかり。私の場合、結果として選挙に負けたので、「ほら見たことか」と言われて、それが悔しかった。新しい選挙で勝てることを、私の力不足で証明できなかったから。

子育て中の女性議員たちはみんな「夜遅い時間は活動を控えたいけれど、なかなか理解してもらえないのが苦しい」と話してるよ。遅い時間まで活動するという時間的な観点で、議員としての熱心さを問わないでほしい！

宮崎　最近、そういった話は女性議員の特集記事などに載っているよね。地方議会でも、そういう試みをしている人は結構出始めているのだとか。

金子　私は、「がんばって」とエールを送っているけれど、おそらく風当たりはすごく強いんじゃないかな。徐々に当たり前になっていくことを心から期待しています。

もしも政治家が全員25〜35歳だったら

金子　では今度は性差ではなく、年齢で考えてみよう。「政治家が全員25〜35歳だったら」どうなると思う？　その10年間しか政治家でいられない、限定で。

宮崎　簡単な話で、たとえば**「デジタル」や「世の中のトレンド」に政治が敏感**

に反応するようになるよ。

金子　それは間違いない。

宮崎　デジタル化に反対するのは、すべておじいさんたちだから。おじさんたちはまだがんばって「何かやろうかな」という意気込みがあるけれど、おじいさんたちは否定に入ってしまうので。

金子　「自分でやってきたことがすべて」という感覚だから、新しい感性をなかなか受け入れられないんだよ。

宮崎　あとは**「高齢者向けの予算」が適正化**していくと思う。たとえば75歳以上の医療負担も1割から2割に引き上げられる。医療・介護・福祉の領域では、適正でないものがたくさんあって、そのあたりが適切な感じになってくると想像する。

金子　私は、選挙のときに高齢者から、「年金の話をせよ。医療の話をせよ。介護の話をせよ」という声が上がって、そうした政策を訴えないと選挙で勝てない経験をしたんだけど、政治家全員が25～35歳だったら、高齢者の声に対する反応は鈍くなると思う。政治家の側からしたら「適正化させた」となるのだろうけど、有権者のみなさんはどう見るかだよね。

宮崎　**「教育支援」「子ども・子育て支援」はもちろん、「次世代投資」が活発になる。新規投資が増えていく**イメージ。補助金漬けの古臭いゾンビ企業が淘汰されていく。

金子　そうだね、スタートアップでがんばっている人たちが評価されて、応援しようという気運が高まってきそう。

宮崎　国が発注している公共事業は、ほぼ全部大手企業にいくじゃない。大手は大手なんだから、民間の中でがんばればよくて、なにも国にべったりくっつかなくてもいいんだよ。

政治家が若返ると、国が仕事を発注するのは、むしろベンチャー企業になっていく。新興産業で今伸びている会社は、国との関わりはまったくないからね。頼っていないから。自分たちで、民間で、やっているから。そのあたりの構造が変わるだろうし、大企業が優遇されている税制の在り方も見直されていくかな。

金子　可能性のある領域の人たちが伸びるような、新しい支援が出てくるかもしれないよ。基本的に予算は前例踏襲だから、既存のところの予算も組んだうえで、可能性のある領域、伸びていきそうな分野を見定める新しい目が生まれてきそう。視野が広がるというか。

25～35歳の政治家たちが民間での経験を積んでいると、なおのことビジネス感覚やマネジメント感覚が備わっていて、目が利きそう。そんなふうになってくると、政治不信が払拭されそうだよね。

宮崎　そして、ムダがなくなる。**どうして国会議員が忙しいのかというと、本当に形だけの国会の本会議や委員会があるから**だよ。そういうものを合理化できるかもしれない。

金子　うん、かなり合理的になりそう。

宮崎　本会議はリモートでもいいと思う。私が当選してすぐのころ、本会議場の隣の席に官僚出身の若手議員が座っていて、彼がボソッと、「わっ～、国会はムダばかり」とつぶやいたんだよね。20代で当選した、非常に頭がよくて、いつも辛辣な発言をする男性議員。うんざりしたように、「何だ、このムダは……」って。

金子　そう思うだろうね。若い議員はね。

宮崎　頭がよくて、能力があって、経験も積んできて、合理的に考えられる人からすると、ムダなものが多い。ちなみに私も思ってたから。

金子　私は地方議会を経験していたから、国会の本会議というのは、とにかく決まったセレモニー的なことを粛々とやっていくものだと思い込んでいたので、そこまで疑問を感じなかったな。

宮崎　本会議では、決まった質問を投げかけて、用意された答弁を読み上げて、「なぜ、こんなことに4時間もかけるのか」と思っていた。

もはや輪読の一種、国語の授業と同じだよ。それを読んで、そのなかでヤジを飛ばす。「辞めろ!」とか「ウソをつくな!」とか。学級崩壊だよね。

金子　私が感じたのは、「こうあらねばならない」と先輩議員たちが思っているから、同じようにやらないと「ダメなやつだ」と評価されること。基本的に自民党の国会議員が質問に立ったら、「いいぞ!」「そうだ!」とか言わないといけない。それが「国会の華」「議会の華」で。

でも、まぁ、何を言っているのだろうと思うよね、普通の感覚では。

宮崎 ヤジが議会の華ということ自体が、もう間違っているでしょ。

金子 古いね。

宮崎 今、思ったけれど。久しぶりにそういう言葉を聞いて、それは間違っているし、華であるわけがないと確信した。緊急動議の「ぎちょぉおお～（議長）。○×△されることを、望みまぁあ～す」もすごく変だよ。緊急動議といっても、すでに根回しは全部すんでいるわけだし。

金子 確かに。不思議なことは多い。

宮崎 三流のお芝居みたい。

金子 だから、若い政治家ばかりになったら、セレモニー的なものを終わらせることはできるかもしれないね。正直に言うと、最初は、「重々しい」と厳粛な気持ちになっていました、私。

宮崎 緊急動議を発する議員は、出世コースの人らしいよ。

金子 いかにきれいに長く伸ばすか、練習するんだよ。まぁ、くだらないといえば、そうかもしれない。

宮崎　一般の人から見たら、くだらないとしか思わないでしょ。

金子　選挙活動も、祭りや運動会をまわって握手するスタイルは、「もういいですから」となって、「何を訴えているんですか？　わかりやすくひとつだけ教えてください」という形に変わるかもしれないね。そしたら選挙に行く方々も、「握手したから、名前を書こう」といった従来の選挙に対する判断基準が変わってくるだろうし。選挙カーをガンガンまわして、「いやぁ、一生懸命だね」ということではなくてね。

宮崎　選挙カーねぇ……。

金子　ないとないで困るのだけれど。

宮崎　怒る人がいるんだよね、「選挙カーがぜんぜんまわっていない」って。

金子　そう！　特に山間部の人たちは、「自分たちのところまで選挙カーが来てくれた」ということが評価につながるところもあるから。「あっちの議員の声しか聞こえない」となると、「金子は怠けている」につながってしまう。

宮崎 そういう時代は終わって、**「モバイル投票」の時代**に変わっていきそう。

金子 選挙制度自体の改革をする議員が出てくると思う。**自分たちが残りたいと保身に走る議員は、今よりぐんと減りそうな気がするから、新陳代謝が促進されそう。**

あとはそうだな、35歳までしか議員になれないわけだから、36歳以降は国政を離れるんだよね。10年間みっちり政策を実現したら、外に出て「国民のみなさんはどんなことに関心があり、悩んでいるのだろう」ということに意識が向くはず。それで「この課題があるから、次はこの政治家に政策を託そう」と積極的に政治に関わったりするだろうな。

こういう新陳代謝は、本来の政治の在り方だと思うんだよね。ずっと政治家をしていると、国民のみなさんが今求めている本音の部分と自分の意識が乖離してくるから。

若い議員なら、根回しどうこうではなく、「この問題があって解決しなくてはいけないのだから、議論しよう」という合理的な展開が期待できそうだし。時間をかける政治ではなくなるかもしれない。結果、結論にたどり着きやすいと思う。そうなったら、有権者が政治に興味を持つよね。顔ぶれが変われば、投票行動も変わりそう。

宮崎　一方で、知識と経験が足りないから、その分、逆にフィクサーみたいな人が暗躍するかも。そしたら国会議員の存在が軽くなって、官僚の力が強くなる。さすがに30代で、官僚に操られない議員は少ないだろうから。

小沢一郎氏ですら45歳で初めて自民党幹事長。田中角栄氏に鍛えられたから40代で幹事長になれたわけで、それでも若すぎると言われていたよね。官僚と議員は対等でなく、さまざまなテクニックを駆使してやりとりしないといけないからなのだけど。若い議員に果たしてそれができるのか。

金子　う〜ん、若い議員がそういう、いわゆる「政治」をやるかというと、もうやらないのではないかしら。やらないでほしい。

宮崎　**アメリカと同じように、政権が変わるたびに霞が関の官僚たちや政策スタフを全部入れ替えればいいのかも**しれない。

金子　あるいは、官邸にもっと力を持たせて、内閣人事局のようにしっかりと官僚の人事まで掌握すれば、霞が関の官僚たちは若い議員たちの言うことをさらに聞くようになる可能性はあるかもしれないね。

番外編：予算委員会でスキャンダル議論をなしにしたら

金子　番外編として「予算員会でスキャンダル議論をなしにしたら」どうなると思う？

宮崎　予算委員会は、予算についてはもちろん、あらゆる国政のテーマが議題になるので、実にさまざまな質問が飛び交っている。週刊誌ネタのスキャンダルがまじめに議論されることもあるが、いくら何でも週刊誌の記事のコピーは持ってこないほうがいいと思うな。

金子　もしもスキャンダル議論はなしとルールを決めても、「関連する質問ですから」という方向に持っていくだろうね。そういう部分、政治家は長けているので。何事もグレーにやってしまうのが、政治の悪いところ。野党の見せ場となるような週刊誌ネタを議論するのはやめましょう、と法律をつくればいいのかもしれないけれど、ルールをつくらなければならないのも情けない話。

番外編：企業との癒着をOKにしたら

金子　同じく番外編として「企業との癒着をOKにしたら」どうなるかな？

宮崎　今は報道が厳しいので、政治家はこぢんまりしている。これはもうしょうがない。「あれをやったらダメ」「これをやったらダメ」という目が厳しすぎて、ダイナミックになれない。

たとえば民間企業の社長さんと交流してそれなりに仲よくなって、「政治はこれをやるから、民間はこれをやってください」というのができないんだよね、癒着と言われるから。

金子　ある程度透明化すればいい話だと思うけれど。「あそことここがつながっています」というのは、隠れてコソコソするから癒着になっちゃうんじゃない？

宮崎　もともと友達関係があるから、そうした人脈をつくれるわけ。既得権益といわれるけれど、それはあなたたちが目をつけていなかったからで、20年前から営業努力を続けた結果、既得権益になったともいえる。それなのに、今さら「参入したい」と言われても。そこはビジネスチャンスと一緒でしょ。

政治家は付き合いに本当にお金がかかる。たとえば何かのお祝いを贈る。それは大事なんだが、お金がないとできない。自分のためにお金を使うのではなく、よりよい政治活動につなげるための人脈づくりなんだよね。会食接待も必要で、でも居酒屋ばかりに行くわけにはいかないので、それなりのところにお連れする。それができない人は「ケチ」と言われる。

金子　そういうことも、癒着ではないけれど、全部厳しく見られているから、大変だと思う。付き合いすらできないなんて。

付き合いは政治に必要なのだけれど、全部やらなくなったら、たとえば地方の飲食店はつぶれていく。コロナの影響もあったでしょうけれど、その前から、「付き合い、縮小、縮小」と叫ばれて経済的にはだいぶ疲弊してしまったところもあるので、「付き合いも必要なのですよ」と言いたい。

宮崎　めちゃくちゃ必要です！

バタッ
バタッ
あ、大蔵省ですか!?
隕石が落ちてきて
人々が謎の伝染病で
バタバタ倒れてます！
なんとかしてください！

…とたらい回ししているうちに、パンデミック勃発。
混乱の極みに。

2020年、パンデミックの日本にもしも政治家がいなかったら？

令和2（2020）年といえば、新型コロナウイルスが猛威をふるった年ですね。新型コロナウイルスへの対応は、都道府県が中心的な役割を果たしつつ、そこに国と市町村が関わるという形で、自治体が中心となって行っていました。

感染症の拡大により、医療機関が逼迫。保健所も対応できるキャパシティを超えてしまったため、まず人々の活動を減らし、感染者をこれ以上増やさないための対応として「緊急事態宣言」が発令されました。

しかし一方では、社会的・経済的に大きなダメージを負うことにもなってしまいました。

そのダメージを少しでも和らげるため、具体的な制限の対象や基準を地域ごとに設ける動きを進めたのが、都道府県の知事や議会です。東京都の動きが特にわかりやすかったと思います。

休業をするお店に対して支払われる「協力金」の仕組みなども都道府県の議会で、それぞれ決めたものです。

日本全体で一律の制限をかけてしまうのは、地域ごとに違いがあるので、それは問題だろうという理由で都道府県が動いたのですね。

それ以外にも、小中学校の休校なども市町村の判断で決まりましたし、国民全員に配られた10万円の給付業務にも市町村が関わりました。

そのうち、都道府県だけで対策を取ることに限度があると、特に知事会から声が出るようになりました。感染症対策の課題が見えてきたのです。そこで、総務大臣が本部長となり、「新型コロナウイルス感染症対策等の地方連携推進本部」

というものを設置しました。都道府県および指定都市と、総務省の職員が1対1で連絡体制をつくるという取り組みも行いました。

今回のようなパンデミックが発生し、現行法を超えて対応しなければならない事態が起きたときには、法体制を変えるなどの動きが求められるので、政治家が必要になります。

官僚は、彼らの仕事の役割上、現行法の中でどのように対応するかを考えますが、もう一歩踏み込んだ政治決断ができるのは、首長をはじめとした政治家なのです。

ですから、政治家がいなかったら、法律の壁や省庁の壁を超えた、あらゆる対策は成立していなかったのではないでしょうか。

宮崎謙介の考えは、ワクチンの手配や接種が遅れていた

コロナ禍の日本に政治家がいなかったら、まずワクチンにまつわる諸案件の進

行が後手にまわって、かなり出遅れていたでしょう。

ワクチンについては、厚生労働省は何をやって、文部科学省(＊32)は何、国土交通省(＊33)は何と、各省庁別に仕事が分かれていたのですが、一気通貫になるように尽力したのは政治家です。

ワクチン会場がないから、「学校を開放してください」と厚生労働省が文部科学省に提言しても、「いや、学校の中にコロナが蔓延したら大変だから開放しません」となります。国土交通省にワクチンの輸送のことをお願いしても、「管轄ではないので……」と協力体制が取れないわけです。

省庁間だけでやりとりしていたら、ガチガチになって調整ができません。ワクチンの手配や接種がスムーズに運んだのは、それぞれの省庁の間を取り持つワクチン担当大臣という政治家を置いたからです。

居酒屋の営業時間の短縮についても、政治決断ですね。

経済産業省、中小企業庁(＊34)は税収に響くので、「ガンガンやらせましょう」

という方向だったでしょう。政治家がいなかったら、あっという間にコロナは広がったかもしれません。今以上に最悪な状況が続いていたでしょう。

*1 立法:法律をつくること。
*2 行政:法律を世の中に当てはめて、国を治めること。
*3 司法:法律に則って問題を解決すること。
*4 三権分立:国会(立法権)、内閣(行政権)、裁判所(司法権)の、独立した機関が相互に抑制してバランスを保つことで権力の濫用を防ぎ、国民の権利と自由を保障する原則。日本国憲法で定められている。
*5 中央省庁:行政事務を担当する「府」「省」「委員会」「庁」などの行政機関。地方公共団体の行政機関と区別して呼ばれる。
*6 官僚:中央官庁で働く国家公務員のこと。なかでも上級や中級にあたる職の国家公務員を指す場合が多い。
*7 霞が関:中央官庁で働く国家公務員の代名詞。中央官庁が東京都千代田区霞が関を中心に立ち並ぶことが由来。霞が関の官僚とか、単に霞が関とも。
*8 財務省:健全財政の確保、公平な課税の実現、国庫の管理、通貨に対する信頼の維持などを管轄する日本の行政機関のひとつ。
*9 安倍晋三元首相:内閣総理大臣(第90代、96代、97代、98代)、内閣官房長官(第72代)などを歴任。自民党所属。
*10 麻生太郎氏:自民党所属の衆議院議員で、内閣総理大臣(第92代)などを歴任。
*11 野田佳彦氏:立憲民主党所属の衆議院議員で、内閣総理大臣(第95代)などを歴任。
*12 三党合意:2012年、民主党、自民党、公明党の三党の幹事長会談が行われ、合意を確約する「三党確認書」が作成された。
*13 追悼演説:現職の国会議員が亡くなった際、所属していた院の本会議で現職の国会議員が追悼演説を行うこと。国会の慣例。
*14 外務省:外交政策、外国政府との交渉、情報収集など国の対外関係事務全般を管轄する日本の行政機関のひとつ。職員の半数以上が海外の大使館や総領事館などで外交官として働く。
*15 伏魔殿:目に見えないところで陰謀や悪事などが企てられている殿堂。2001年、外務大臣だった田中真紀子氏が「外務省は伏魔殿のようなところ」と発言して話題となった。
*16 二階俊博氏:自民党の重鎮で最大派閥・志帥会(二階派)の会長。金子恵美は議員時代、二階派に属していた。
*17 アフリカ開発会議:日本が主導して、アフリカ連合委員会、世界銀行そして国連が共同で開催している国際会議のこと。テーマはアフリカ開発。通称は「TICAD(ティカッド)」。2年に1回、日本あるいはアフリカで開催。
*18 最後のフロンティア:ビジネス的な可能性が多くある、という意味。
*19 アフリカ覇権:アフリカ大陸での覇権争いのこと。

*20 dボタン：テレビのリモコンに付いているボタンのひとつ。天気予報やニュース、スポーツ選手の情報など、さまざまなデータ放送が楽しめる。

*21 次官連絡会議：首相官邸に事務次官等を集めて開催されていた会議。平成21（2009）年の民主党連立内閣発足を機に廃止された。正式名称は事務次官等会議。

*22 厚生労働省：健康、医療、子ども、子育て、福祉、介護、雇用、労働などに加え、復員、戦没者遺族等の援護、旧陸軍、海軍の残務整理などを所管する日本の行政機関のひとつ。

*23 法務省：法の整備、法秩序の維持、入国管理などを所管する日本の行政機関のひとつ。

*24 検察庁：検察官の事務を統括する法務省の特別機関。最高検察庁、高等検察庁、地方検察庁、区検察庁の4庁がある。

*25 特別捜査部：検察庁の一部門で、東京、大阪、名古屋の各地方検察庁に設置されている。特捜とも。

*26 警察庁：警視庁や県警などを統括指揮する等の警察運営や、サイバー犯罪の捜査などを行う国家公安委員会（内閣府の外局）の特別機関。

*27 経済産業省：経済と産業の発展、資源とエネルギーの供給などに関わる業務を所管する日本の行政機関のひとつ。

*28 官民ファンド：政府と民間が特定の目的のために資金を出し合って融資を行い、配当や収益を分配する機関のこと。

*29 クールジャパン機構：日本の魅力を事業化して、海外需要の開拓につなげるための支援と促進を目指し、平成25（2013）年に設立された官民ファンド。

*30 日本経済団体連合会：経団連の正式名称。日本の大手企業を中心に構成された利益団体。

*31 目安箱：江戸時代に、庶民からの直訴状を受理する箱。8代将軍・徳川吉宗が享保の改革のひとつとして評定所の門前に設置した。月3回、吉宗が自ら開封して閲読したとされる。

*32 文部科学省：教育、学術、スポーツ、文化、科学技術の振興などを所管する日本の行政機関のひとつ。

*33 国土交通省：国土の利用、開発や保全、社会インフラの整備、交通政策の推進、気象業務、海上の安全や治安の確保などを所管する日本の行政機関のひとつ。

*34 中小企業庁：中小企業の育成、発展に関する事務などを所管する経済産業省の外局。

Chapter 3

政治家がいなくなって25年。金子恵美が最高権力者に！ノ巻

ニッポンから政治家がいなくなって25年。財務省が暴走し、人権も軽視されるようになりました。混乱した世の中では当然、権力争いが起こります。そして、熾烈な闘いの末、なんと私・金子恵美が最高権力者になるという……。どうなるニッポン!?

政治家の仕事はヤジや居眠りだけじゃない！

前からずっと思っていました。

政治家の仕事は、国民のみなさんと同じ目線でルールをつくり、よりよい社会にしていくこと。ですから、**政治家が何かを成し遂げたら喜んでもらえる、仲間のような存在のはず**です。

ところが、昨今は憎き存在で、「政治家はずるいし、調子いいだけ」「悪いことしかしていない」と目の敵にされています。

でもね、当然ですが、政治家の仕事は、ヤジや居眠りだけではないのです！

政治家は選挙のときだけお願いしにくる人!?

私、「おかしいな」と思っていたことがあります。それは選挙のとき、政治家はみなさんに対して一方的にひたすらお願いする立場になることです。

一票を入れてもらうお願いはもちろんするのですが、実際に政策や法律をつくるのは政治家なのだから、「この人を当選させたい」という気持ちからの投票であってほしいと願います。「この人なら、生活をよくしてくれるはず」と感じ取って送り出してもらえるのが理想です。

でも、今はそんな選挙になっておらず、ただもうとにかく、「お願いします」と下手《したて》に出ています。「当選するためなら、何でもします」といった様子です。

特に新人候補はそうですよね。

大臣経験者までいくと、日頃は「先生、先生」とチヤホヤされているものです。ですが、ひとたび選挙となれば大臣経験者であっても必死に頭を下げるものです。

選挙は、「生きるか、死ぬか」の戦い。私もがむしゃらにやっていましたが、政界を離れて客観的に見てみると、一部の人たちだけが盛り上がっているイベントになってしまっていますね。本人たちは相当必死なのですが。

期間中、政治家は名前を連呼していますけれど、「うるさい」と思う人もいるでしょうし、それがみなさんの投票行動につながっているか疑問に感じます。「かえってマイナスになっている？」という気さえしています。

若手の国会議員は、成果を出しにくいのが現状

どうしてそんな選挙になっているか考えてみると、「政治家の成果が見えにくい」ということが原因のひとつかもしれません。

昔の政治は、成し遂げたことが目に見える形をしていました。たとえば地元に道路やトンネル、橋をつくるといったインフラ整備をする。

道路は誰もが使うから、「政治のおかげでよい社会になった」と実感しやすいのです。利益誘導と言われたら、そうかもしれませんけれど。

今の政治家は、そういった形はなかなか見せにくいところがあります。まして**や当選回数の少ない新人議員は、結果を出しにくいのが実情**です。

ところが、地方議員ならば、こまやかに動けるので成果が出しやすいのです。たとえばここに信号機をつけてほしいという地域の要望があれば、警察に行って相談・交渉します。

「はい、みなさん、できました」

「ありがとう。助かります」

それはわかりやすい実績として伝わります。

でも、国会議員は何を実績として伝えられるのかというと、たとえば委員会で「質問を行いました」といった、国民のみなさんには成果が非常に伝わりにくい内容になってしまうのです。そういう状況では、政治家が熱心に活動していたとしても、残念ながら評価にはつながっていきません。

結果的に、「誰に投票していいのかわからない」「政治家はいなくてもいいよね」「政治家は本当に必要?」といった意見になるのでしょう。

知っておきたい、国会議員と地方議員の仕事は別のもの

国会と地方議会には、本来それぞれの役割があります。

みなさんにはわかりにくいと思うのですが、**国でやる案件、地方でやる案件、本来はしっかりと仕分けをしなくてはいけない**のです。

国は、エネルギー問題などのマクロ経済、外交や安全保障など、大きいテーブルでやるものが中心です。

地方は、よりよい地域、町づくりのために活動します。

地方の問題でも、国レベルの予算が関わること、法律に関わるのでなかなか支援がもらえないことについては、地方議員と国会議員が連携して対処します。

逆に、国会議員が地方の問題にあまり首を突っ込みすぎても困ります。私は地方議員から国会議員になったので、「それはやらなくていいですよ、地方議員の仕事ですから」と思うことは何度かありました。

そのあたりの**役割分担は、中央行政と地方行政という統治機構の在り方の基本の基本**だと思います。

そのことをみなさんにもっとわかってもらえたら、国会議員が毎週のように祭りや運動会に帰らなくてもよくなるかもしれません。

地元に帰ってくる時間があったら、その時間を使って国家のことについて腰を据えて自分の専門分野の政策を推し進められます。集中して自分のやるべきことができるのです。

もちろん地元の代表という意識はありますし、地元の声を届ける努力を惜しみません。それは無理をして地元の祭りや運動会に帰らなくても、地方議員との連携が取れていたらできることなのです。

国会議員は、地方にお金を持ってきた？　が注目される……

とはいえ、国会議員になったとき、地元からは、「金子さんは、地元に予算をいくら持ってきてくれるのだろうね」とよく聞かれました。

確かに国会議員は地元選出だから、それもすべきなのですが、「国から予算を引っ張ってくることだけが国会議員の仕事ではない」と言いたかったです。

特に新潟は、昭和の大物政治家・田中角栄氏（＊1）のインパクトが強すぎます。田中角栄氏といえば、東京と新潟を結ぶ上越新幹線や関越自動車道の開通を牽引した立役者であり、県内に国道、トンネル、ダム、橋を次々とつくりました。いまだに、「田中先生のような政治家が出てくれないかな」といった地元の期待が垣間見えます。「時代が違うでしょう」とは思いますけれどね。

国会議員時代、地元から、「上越新幹線の一部エリアでは携帯電話の電波が悪くて困るから何とかしてくれ」と言われ、総務省に検討をお願いしたところ迅速に対応してもらえました。それは地元で喜ばれただけでなく、自然に成果として広く伝わっていきました。

私に限らず、「目に見える成果」、地元の道路や堤防の改修工事費を国から引っ張ってきたというような話をすると、やはり地元では喜ばれるようですし、評価がぐんとアップするのです。

有力政治家が輩出されている自治体は、街をひと目見るとわかります。道路をひとつ見ても幅が広くてきれいに整備されています。

群馬県はその象徴です。

内閣総理大臣経験者の小渕恵三氏（＊2）、中曽根康弘氏（＊3）、福田赳夫氏（＊4）、福田康夫氏（＊5）の地元だけあって、自動車専用道路の充実ぶりは、行ったらすぐに実感できます。

もしかしたらムダ？　正直、不公平かな、お金の偏りがあるかなとは思いますが、でもそれも、政治力といえば政治力なのです。

群馬県の八ッ場ダム(＊6)は、民主党政権で一時建設中止となるなど論議されてきた経緯はありますが、令和元（2019）年の台風時に氾濫を防ぐ役目を果たしたことでも注目されました。見事な景観にもなっていて、観光スポットとして集客にも貢献しています。

そうした成果はなかなか見せられないのですが、少なくとも国会に出席している以上、大きな社会のルール、外交、防衛費など命を守るルールづくりの決定権は国会議員にあるわけで、崇高な仕事であることは間違いありません。

「外交」より「携帯電話料金」の話が国民には響くけれど

菅義偉前首相の実施した政策のひとつに、「携帯電話料金の引き下げ」があります。令和3（2021）年4月から、携帯電話通信料が4割近く引き下げられましたよね。

携帯電話はみなさんが使っているから政策の中身がわかりやすく、「政治を実感する」という点では評価できると思うのです。

だって外交の話は、日常的に実感しにくいじゃないですか。10年20年50年スパンの話です。結果が出るのは、ずいぶん先の話だから、今の判断が正しいのかどうかは、見えにくい。今ここで話されても困るのですね。

安全保障もそう。「脅威」と言うけれど、「その脅威は本当にあるのですか？」と思ってしまいがちです。

でも、よく考えれば、本当に脅威があって、守らなくてはいけないから必要なお金なのです。ですが、自分事として捉えるのは難しい。

携帯電話料金が安くなるのはわかりやすくていいけれど、脅威という非常に漠然としたものに対抗するために防衛費を増額して税金を上げることは、もう「悪」に近い感覚になってしまうのです。

だから、選挙で外交の話をしても響きにくいのです。私の議員活動は「地球儀を俯瞰する外交の安倍」の時代の話ですから、選挙で外交の話題にも触れていましたが、街頭での反応はやはり薄かったです。

それよりも、「地元のことを演説に盛り込んで」と、どれだけ忠言されたことでしょう。

「なかなかトンネルが開通しないが、どうなっているのか」

「早期の実現を目指します」

「年々、雪の量が増え、除雪が追いつかなくて困っている」

「雪害対策もやります。こちらも予算を確保できるようにがんばります」

こうした地元にとっての喫緊の課題が聞きたいのです。

政治家の感覚で言うと、防衛問題も喫緊の課題なのですけれどね。

残念ながら、外交については、選挙に限っては好まれないテーマだったなと思います。

有権者には、「地元以外のことにも目を向けてほしい」と何度思ったことでしょう。当時はとても言えなかったですけれどね。もちろん、目を向けさせるのも政治家の手腕なのかもしれませんが。

政治家の政策にわかりやすさは大事なのだけれど、立場によって濃淡はあると思います。総理大臣には、外交はじめ、日本のプレゼンスをいかにして上げるか、地球儀を俯瞰するような大局に立った政治をお願いしたいです。

総理大臣になるとやるべきことが圧倒的に多いですから、限られた時間のなかで世界の動きに取り残されないようにしてもらいたいです。

未来を見据えた道州制の議論、政治家はもっと盛り上げて

みなさん、「道州制」について、どんなふうに考えていますか？

政府もマスコミも、ときどき思い出したように道州制を話題にしますが、なかなかわかりにくいですよね。

明治政府からの中央集権（＊7）の仕組みは、すでに行き詰まりを見せています。東京一極集中（＊8）が進んだ今、地方分権を大胆に進めて、地域のことは地域が決める地域主導型社会に変えていく必要があるのです。

その地域主導型社会の実現に欠かせない議論が道州制論です。

道州制は、全国に47ある都道府県を廃止して、「道」と「州」というより大きなグループの自治体、広域行政に再編成することです。

まだ議論されている段階ですが、政府などがこれまで公表している基本的な区割り案には、政府の案では、「9道州案」「11道州案」「13道州案」の3つがあります。

例えば「9道州案」では、

【北海道】 北海道
【東北】 青森、秋田、岩手、山形、宮城、福島
【北関東信越】 新潟、長野、群馬、栃木、茨城
【南関東】 埼玉、千葉、山梨、神奈川
【中部】 富山、石川、岐阜、静岡、愛知、三重
【関西】 福井、滋賀、京都、大阪、兵庫、奈良、和歌山
【中国・四国】 鳥取、島根、山口、岡山、広島、徳島、香川、愛媛、高知
【九州】 福岡、佐賀、長崎、大分、熊本、宮崎、鹿児島

［沖縄］沖縄

東京については、東京都だけで1つの道州にする案、近隣の道州に属する案の2案があります。

道州制はさらに人口が減っていく日本で、当然議論しなくてはいけないテーマです。地域によっては移住者を呼び込んで人口の社会増はあるにしても、国全体で考えたら人口減少の一途だからです。

そうした状況下では、今の47都道府県の区割りによる行政基盤では、過疎化の進行、経済の発展、予算や財源確保などで厳しくなってきますから、**もう少し広い区割りをしてゆとりを持たせ、地域の権限・財源を強化しよう。**そのためにはどのように合併して生き残りを図ればいいのか。それが道州制の議論の根本にあったはずです。

しかし、人口減少は変わらないのに、道州制の議論が最近はほとんどされなくなりました。

危機感が政治家にもないですし、おそらく国民のみなさんにもないのだろうと思います。

道州制は生活の中での行政サービスに直結する話なのですが、未来を見据えた内容なので、なかなか身近な話題として実感しにくいのかもしれません。あまり不便を感じていなければ、そこに変化を求めないですからね。

市町村合併では、むしろ役場が遠くなったなどのデメリットが取り上げられますが、今の市町村のまま生き残っていて、ずっと同じような水準の行政サービスを行えるかといったら、難しくなってきます。

そのようにしっかりと未来を考えていくのも政治家の仕事ですし、その議論を盛り上げていくのもまた然りなのです。コロナ禍では、国、都道府県（広域自治体）、市町村（基礎自治体）がそれぞれの役割分担があいまいななかで対策を担っていることが浮き彫りになりました。道州制の導入についても、再び議論すべき時だと思います。

わかりやすく情報を発信するのも政府の仕事

道州制の話にしても、政治はもっとわかりやすく丁寧にお伝えするべきだと私は思います。

議員時代から、「役所や政治家は情報発信がヘタ」と感じることがよくありました。というのも、東京から地元に帰ると、「永田町や霞が関の意見とみなさんの声は違うな」と思うことがよくあったからです。「政治家はみなさんの声を間違って理解しているのではないか」と心配になることもありました。

政治家の多くは、「新聞にはちゃんと書いてありますから。私たちは情報提供していますから」というスタンスですが、新聞記事にも偏りが出る場合もあります。しかも、忙しいみなさんが毎日隅から隅まで新聞を細かく読んでいる、ということを大前提にしているのは、ちょっとおかしな話で一方通行だと思うのですよね。

役所もそうです。

以前、「この情報は、議員の私でも知らないですよ」ということがあったのですが、「いや、ホームページに書いてありますよ」と返事をされました。

情報を出せば、それだけでいいと勘違いしているのです。そこで終わるのです、お仕事終了。やることはやっていますからというスタンスで、相手に伝わっているかどうかは関係ないのです。

法律や制度をわかりやすく伝える、ある種のスポークスマン的な役割は、政治の仕事のひとつだと思いますが、今は足りていませんよね。

政治家は発信することや広報することがあまり得意ではないです。

にしても、政治家は言葉がすべて。

言葉の力で演説をやっているわけですから、会見ではポイントをしっかり強調して言わなくてはいけないし、有事のときに限らず、もっと頻繁に語りかけなくてはいけないと思います。

小泉純一郎元首相(*9)が行った、「自民党をぶっ壊す!」のワンフレーズ政治は、良いか悪いかは別として、政治をわかりやすくしたという点では功績があったと思います。

世襲議員
←父も
元大物議員
世襲家
僕は議員になるべくして生まれたのさ

地方議員出身議員
地元の原始村の火山噴火対策に予算を！
金子恵美

官僚出身議員
ネナイデヤレバ、スグデキルデショウ?
アシタマデニチョーダイネ
秘書
……。

雑草議員
休みは地元で神輿かつぎ
志は高いが、知名度もお金もない!
わっしょい
わっしょい

世襲、地方議員、官僚、雑草と国会議員は４つに分類できる

私の独断と偏見による勝手な分析なのですが、**国会議員は４つのタイプに分類できる**と思っています。

- **世襲議員**
- **地方議員出身議員**
- **官僚出身議員**
- **雑草議員**

いい意味でも悪い意味でも、属性がよく見えるからおもしろいのです。

世襲議員は、いちばんわかりやすいですよね。生まれながらに「地盤・看板・鞄」を持っている、二代目、三代目です。正直、「選挙が強くてうらやましいな」と思っていました。

私の父親は旧新潟県月潟村の首長でしたが、首長と議員は広義的にはどちらも政治家ではありますが、両者は立場が違います。また、選挙区もまったく同じというわけではなかったので、私の場合は世襲議員というよりも、地方議員出身議員になります。

私のような地方議員出身の国会議員は、議員経験があるという自負を持ち、議会を重要視しています。そこで、国会の物事の段取りや手続きの踏み方に対して、ときどき、「それは違うだろう」と疑問を感じることがあり、「議会とはこういうものだ」と意見を押し通すこともあります。

たくさんの国会議員を見て、「国家を語るのは、こういう人たちなのだろうか」と感じていました。国会の議場で、「そうだ」「えっー」とヤジを発する状況に私自身は酔えないというか、冷めた目で見ていることがよくありました。

逆に言えば、やりがいは地方議会のほうがありました。

特に市会議員のときは、やったことがひとつひとつ形になって、地域の人に喜んでいただけましたから。

地方議員へのリスペクトは、地方議員出身議員にはあります。「地方があっての日本だよね」という意識が強いので、連携は取りやすいでしょう。


あとは官僚出身議員と雑草議員。

官僚出身議員は官僚から国会議員に転身した人です。

雑草議員は、政治とは別の世界で生きてきた人。たたき上げというか、本当に市民目線、国民目線なのですね。「こんな角度から物事を見るのか」といった新鮮さがあります。ちなみに宮崎謙介さんは雑草議員です。


どのタイプにもメリットとデメリットがそれぞれあると思います。

世襲議員の幅広い人脈、地方自治や行政のやり方・地方議会の定例会などのスケジュール感が頭に入っている地方議員出身議員、官僚出身議員の知識・研究熱心さ、そこに雑草議員の新鮮な目線が加わり、うまく配分できたらすごくおもしろくなりそうです。どの属性の議員がよい、悪いではなく、全体のバランスが大事です。

世襲議員のメリットとデメリット

地盤・看板・鞄があるので、選挙は強いですし、選挙活動に時間を取られないので政策に集中できます。腰を据えて自分の政策テーマを追求していけるのは、私からすると本当にうらやましい。

豊かな人脈を持っていることは、政治活動をするうえで大きなメリットになるでしょう。

幼い頃から親の政治活動を至近距離で見ているので、政策のさばき方、人の扱い方もよくわかっていて、民間企業や霞が関の官僚にも人脈が豊富で即戦力になります。

そういう意味では、世襲議員を否定するつもりはなく、「いなくなっても困るかな」と個人的には思います。

彼らが失敗するのは、親の評価や実績を自分のそれと勘違いしていたり、親の人脈で政治活動ができることを認識していなかったりする場合。人は、離れていきやすいですからね。偉そうにしていると、「先代はよかったけれど、あいつは、まったく」と言われて見放されてしまいます。

ですから、むしろより言動に気を遣わなくてはいけないですし、常に謙虚でいる必要があり、世襲議員にしかわからないそれなりの苦労はあると思います。

地方議員出身議員のメリットとデメリット

私のような**地方議員出身の国会議員は、議会の在り方、動きがわかるという強みがあります。**

難しいのが、地方議員のときに顔を出していた地元の会合やイベントなどに国会議員になってから行けなくなると、有権者からとても厳しく見られる点。

最初から国会議員だったら、そこからスタートなのですが、地方議員は、「俺たちが育てた」という気持ちを抱く地元の方々もいるでしょうし。

もちろん、その通りなのですが、困ってしまうのは、いつまでも昔の活動を続けるべきだと思われることです。1日が24時間から増えてくれれば可能なのですが、時間が限られているなかで、タスクはどんどん増えてしまう。

昔からの活動を続けたい気持ちは山々なのですが、時間のやりくりが難しく、叶わない現実があります。

地方議員は祭りや運動会にとにかく顔を出しますから、活動が目に見えやすいのです。ところが、国会議員になると、物理的に戻れないことも多々あるわけです。しかし、かつての地方議員像がみなさんの心に刻み込まれているので、手抜きしていると見えてしまう。

地方議員出身の国会議員は、そうしたときには丁寧に、「立場が変わったこと」を真摯に説得するしかないでしょう。

秘書にもスタッフにもです。

「金子さん、帰ってきてください。あの会合には毎年出ないとダメですよ」

「わかるけれど。国会があるから帰れないでしょう」

地元の秘書とは、そういうやりとりをよくしていました。

身内が突然、私のことを「うちの代議士が」なんて呼び始めるのも、偉そうですし、地元の人にはいい印象を与えないですよね。

まずは身内から意識改革をしていかないといけません。

「国会があるから、時間的に地元に戻るのは無理ですよね。私が代理としてがんばらないと」

そんなふうに地元の秘書がわかってくれると助かります。そうできるようにするのも、上司である議員のスキルのひとつなのでしょう。

官僚出身議員のメリットとデメリット

豊富な知識があり、国政の動きもよく理解しているので、即戦力になる大事な国会議員だと思います。

ただし、秘書が辞めやすい。

なぜかというと、彼らは官僚時代、徹夜なんて当たり前で、長時間の労働をこなしてきたから。

国会議員になっても、そうしたストイックな仕事のやり方は変わらず、高い成果を事務所の秘書やスタッフにまで求めてしまうのでしょうね。ついていけなくなるはずです。

そこを反省し、意識を変えていかないと、いつまでたっても秘書やスタッフが居つかないという残念な結果になってしまうでしょう。なかにはそのことを十分に理解し、秘書がまったく辞めていない陣営もあります。官僚レベルのクオリティを求めすぎるのは、改めたほうがいいですね。

雑草議員のメリットとデメリット

問題意識を持って、自分の力で解決したいと政治家を志した人たちなので、政

策立案の着眼点はおもしろいと思います。

常に国民目線だから、みなさんは身近に感じると思います。実際、優秀な雑草議員はたくさん存在します。

しがらみはないし、過度な期待もかけられないので、その分、自由に動けるのもメリットですね。

ただ、しがらみがないので、ほかの政治家に目をつけられやすいかもしれません。特に突然目立つと、目の敵にされます。

選挙はゼロから名前を売っていくので、最初は相当苦労するはずです。**政策は明るいけれど、政治は知らない。ただ純粋な気持ちだけで突っ走っても、政治の怖さを知らないと、選挙ではうまくまわらないことが多い**ですから。

議員になってからは、動きにくくならないように自身のブランディングが必要です。ずっと雑草のままではいけないですし、それなりの実績が求められてくるでしょうね。

政治家がいなくなって25年。金子恵美が最高権力者に！ノ巻

地方議員出身議員の私が市議、県議から国政に出るまで

幼い頃から選挙はとても身近にありました。当時、私の父が新潟県月潟村の村長でしたから、4年に1回、決まって選挙が行われます。選挙の前年の秋頃から、年末年始、春にかけては、この一大イベントに向けて、家の中がザワザワと落ち着かない雰囲気でした。

余談ですが、もしも親が衆議院議員だったら、いつ解散するかわからないなかで、子どもはきっともっと振りまわされてしまいますね。

選挙は家族一丸でやらないと勝てません。時には本人より娘が訴えるほうがみなさんの心に響く場面もありますから。

選挙は、もはや私の日常のひとコマでした。

政治家の子どもは、ドロドロした嫌な人間関係も見てしまうので、絶対に政治家になりたくないと思うか、わかったうえでどうしてもなりたいと思うかの両極です。我が家は3人姉妹ですが、政治の道に進んだのは、末っ子の私ひとりだけでした。

それは父親の引退宣言から始まった！

私の故郷・旧月潟村は、平成17（2005）年に新潟市への編入合併によって消滅しました。現在では、旧月潟村は新潟市南区の一部となっています。

そのときに父は村長でなくなったのですが、その後、暫定的に新潟市の市議会議員になりました。ところが父は執行権のあった首長と違い、多くの議員のなかのひとりではやりがいを感じられず、「次の選挙には出ない」と言い出しました。

それでも父の後援会は、父にぜひ出馬してほしいと望んでいました。

そんな矢先、「出ます！」と自ら手を挙げたのが私です。

「よくやった」と喜ばれるはずもなく、父の後援会からは総スカンを食いました。「政治は男がするものだ。まして20代のお嬢ちゃんに何ができる」と怒られる始末です。

父の後援会から、「絶対にダメだ」と猛反対されていたのに、当時スポーツ新聞でコラムを執筆していたこともあり、地元の了解を取りつける前に、私が立候補するという記事が誌面に載ってしまったのです。

もう完全にカンカンですよ、後援会は。父にまで「最後にそんな裏切りはないだろう」と恨み節を吐きつけます。父が後援会にお詫び行脚をしてまわるのですが、居留守を使われて会ってもらえないこともありました。

選挙では人間のいろいろな姿が見えてくるものです。応援してくれた人が、一転すると敵にもなるのです。

父親もみるみるうちにやせ細っていくし、私としても「厳しいな」とすっかり家に閉じこもってしまいました。

すると今度は、「金子はもう出ないらしい」という噂が立ち始めました。

毎日、朝晩2時間ずつ、雪の降る街頭に立つ

選挙で一度手を挙げたのに取りやめる、というのは、最も格好が悪いと私は思うので、もう後には引けません。後援会のみなさんには申し訳ないけれど、こうなったら、「ひとりで街頭に立つ」と決心しました。

毎日、朝晩2時間ずつ立ったのですが、納得していただくまでには時間がかかりました。

冬です。肩には雪が積もります。

もう演歌の世界です。

24年以上首長をしていた父に、のぼり旗を持って立ってもらうこともありました。ブルブルと寒さに震えている父の姿を、怒っている後援会や村人のみなさんは、「娘がバカなことをしたばかりに、こんな目にあって……」といった思いで眺めていたかもしれません。

ですから、最初の選挙がいちばん忘れられないです。本当に苦しかったです

し、父にも迷惑をかけました。

ふたを開けたら、4244票のトップ当選

そんな調子で直前まで泡沫候補でしたが、ふたを開けてみたら4244票のトップ当選でした。

選挙はおもしろいのです。ドラマがあるのです。

保守的な地域で3議席を10人で争う厳しい選挙戦。私以外は全員男性。1人3000票を取れば勝てるとされていました。

そこでの4244票。

今まで選挙に行っていなかった、選挙のベテランたちは読めなかった、若者と女性の票が動いたのです。政治に関心を持っていなかった人たちが、「何か新しいことが始まるかも」「いつも50代以上の同じ男性候補者だけれど、女の人が出てきたし、若いし」と興味を持ってくれた結果です。

ある意味、ラッキーだったのでしょう。

「今、新風を」の選挙戦で、多様な声に耳を傾けたら

その選挙で使ったのぼり旗には、「今、新風を」の言葉を掲げていました。

私以外全員50代以上の男性候補ということもあり、差別化を図るためには、新しさや刷新を打ち出したほうがいいと思い、「今、新風を」の旗を持ち続けました。若者や女性、今まで政治に関心がなかった住民は、目新しく感じて、期待していただけたのだと思います。

その一方で、その地域に長年住んでいるご年配の方からは、とても大きな反発がありました。「今の生活に満足しているし、大切に守ってきた伝統やしきたり、習慣すべてを変えるとは、何様のつもりだ」と。

街頭演説中に煙草や缶コーヒーを投げつけられることもありました。

「おい、ねえちゃん、新風なんて話はないだろう」

「あ、はい、そうですねぇ……」

選挙直前にテレビ局の記者が私の選挙事務所まで情勢調査にやってきました。

記者が自分なりに地域を歩いた感触と、候補者の私が今の選挙をどう見ているのかを取材に来たのです。

私の母が「うちの恵美は今、どのくらいの位置にいるのかしらね」と聞くわけです。

「そうですね、8位、9位ですかね」

3位どころか5位にもつけていない！ さすがにまずい、ですよね。

若者や女性だけに訴えていては、当選できない。

どうしようか悩んで、「新風だけではダメなのか……」と気づく瞬間がありました。全世代型の政策を発信しないと、世代でいう多様性を政策に取り込まないといけないと思い、「今、新風を」の旗はそのまま使いましたが、訴えに少し修正を加えました。

地域を守ってきた伝統は尊重しながら、時代のなかで要らなくなったものでムダがあれば変えていくべきだと主張したわけです。

そしたら、「おやっ!?」となって、おじいちゃんやおばあちゃんが、「私たちの声も聞こうとしているじゃないか」と振り向いてくれるようになり、いつしか年配の方々が、「金子を押そう」と応援してくれるようになりました。

政策だけでなく、広く「みなさんのご意見をお聞かせください」と私が姿勢を変えたことで、若者や女性、政治に興味のなかった人たち以外の票も動きました。

これは世代の話ですが、身体的な特徴、障害をお持ちの方の声を聞くことも大切です。性別、LGBTQもそうです。さらに、文化的背景、地域、国籍も含めて「多様な声を聞きます」という人が政治家であらねばならないと強く思うようになりました。

29歳で市議初当選、32歳で県議、34歳で国会議員に

平成19（2007）年、苦労の末に29歳で初当選した新潟市議でしたが、1期目の任期途中で辞職して、新潟県議になりました。地元の県議が2年間に2人連続で突然亡くなるという不幸な出来事が起こったからです。

私が市議になって2年目の6月、県議が亡くなられ、そのときは元市長が補欠

選挙に立候補され、新たに県議になられました。しかし、翌年の同じく6月、その県議が亡くなるという、信じられないことが起きたのです。

再び補欠選挙をしなければいけませんが、誰も手を挙げません。当時、現職の市議として活動していた私に白羽の矢が立ち、補欠選挙に立候補することになって、無投票で当選しました。

平成24（2012）年の衆議院議員総選挙では、新潟4区の自民党候補は新たに選ばねばなりませんでした。

当時の自民党は野党で、対立候補が女性議員だったこともあり、またしても、「金子に」と先輩県議から声がかかりました。私は市議から県議になったばかりで、どれも中途半端で投げ出した印象になることを懸念し、当初は拒んでいましたが、最終的にはやることになりました。

そのときは、**公募に応募する**という形を取りました。

自民党が立候補者を公募するなんて、それまではほとんどなかったのです。自民党は人材が豊富で、わざわざ公募をかけなくてもよかったのですが、野に下ったことで、もう一度候補者を広く募ろうというタイミングだったのです。谷垣禎一氏が自民党総裁の時代の話です。

そういう不思議な巡り合わせがなかったら、国会議員にはなっていなかったでしょうね。

ちょっと特殊な事情で市議から県議になり、短い県議時代を経て国会議員になりましたから、地元の若手男性議員からすると、やっぱりおもしろくなかったのだと思います。

一般的に、地方議員出身の国会議員と地方議員との間は連携が取れているのですが、私の場合は変な嫉妬のようなものがあって、地元の若手議員とは軋轢がありました。

公募では面接があるのですが、そこで面接官の地元議員からは、「どうせお金を用意できないでしょう」と嫌がらせのようなことを言われました。まさに痛いところをつかれたのですが、でも、私ははっきりと、「あるお金でしか選挙をいたしません」と言い切りました。
結果、対立候補に１万４０００票超の差をつけて当選しました。

政治家がいなくなって25年。金子恵美が最高権力者に！ ノ巻

雑草議員の宮崎謙介は公募に受かって立候補した

平成24（2012）年の衆議院議員総選挙に立候補したのは、京都3区からでした。私の出身は東京都なのですが、「なぜ京都から？」というと、若さならではの「勢い」です。当時、いろいろわかっていない状況で政治家を目指したので、本当に、シンプルに、包み隠さずお伝えすると、それはもう「勢い」がいちばん大きかったのです。

東京都出身ですから、「立候補するなら東京の選挙区」というところまで考えつきましたが、いくら知識のない私でも、「東京は強力なライバルが多くて、選挙がやりにくいだろうなぁ」と想像できました。

そこで血縁をたどってみると、母親が京都府福知山市の、さらに奥の田舎の出身で、父親は静岡県の御殿場市のあたりです。母親の京都は自民党の谷垣禎一氏、父親の静岡は旧民主党の細野豪志氏の選挙区。ふたりとも有名な政治家ですから、いくら何でも太刀打ちできない。

その後、情報収集した結果、京都3区なら、旧民主党の泉健太氏がいるけれど、当時はまだ全国的に無名に近かった彼には、「負けないだろう」と踏んだわけです。

もともと京都は自民党の票が取れない選挙区。日本共産党の牙城で左派の強い地域です。当時はそれすら知りませんでした。知っていたら選んでいなかったかもしれません。

そういう意味でも「勢い」なのです。でもそこには、深い意味があるのです。

自民党の公募に受かり、政治の道へ

政治家になるために何年もかけて緻密な準備をしたわけではなく、偶然知った自民党の公募に応募して政治家の道を歩き始めました。

まず、書類審査。

申請書や履歴書、国籍を証明する戸籍謄本などを用意し、テーマ「あなたの政治信条」の論文を書いて提出しました。

その後、面接審査です。

私ひとりに対して面接官20人。本当に怖かったですよ。就活で一時話題になった「圧迫面接」さながらです。

自民党の伊吹文明氏をはじめ、京都の重鎮の地方議員、それから京都の伏見区に本社を構える月桂冠株式会社の会長など民間の方も同席していました。当然、面接官の自己紹介はなかったですね。

「きみはなんで京都3区から出たいのか？」

「対立候補のことを知っているのか？」

「どうやって勝つつもりなのか？」

「金はあるのか？」

特にお金のことは、繰り返し質問されました。

それから、「お膳立てしてもらって選挙に出られると思ったら大間違いだよ」と何度も釘を刺されました。

二次の面接審査では、面接官は４人に絞られていました。伊吹文明氏のほか、地方議員の若手代表、引退する地方議員の重鎮だったと記憶しています。

そして、いよいよ最後の面接では意思確認をされ、面接官のみなさんが集まっている場で承認を受けた後、すぐに記者会見が行われました。そうして引くに引けない舞台に立つことになりました。

選挙のためには借金もしました。

選挙よりもむしろその後の議員活動にお金がかかりましたが、そうした議員時代の借金は、令和４（２０２２）年にやっと全額払い終わりました。

生保会社、人材紹介会社を経て、就職支援の会社を創業

こう見えて私、サラリーマンも経験しているのです。

大学卒業後、日本生命保険相互会社に総合職として就職しました。ゆくゆくは会社を興すつもりでしたが、まずは大手企業に入って、大企業のメカニズムを知っておきたかったのです。当時はベンチャー企業から大手企業への転職が難しい時代でした。だから、新卒で入社することに。でも自分にとっては学びが少ないと判断して、1年で退職。

その後、人材紹介会社に転職し、さらにITベンチャーに転職しました。ITベンチャーでは、前職の経験を生かして人事部の創設と新卒採用の担当を任されました。

1期目から、結構優秀な人材が採用でき、総合商社やコンサルティングファームなどから内定をもらった学生を引き抜くことにも成功しました。

2期目では20名を採用したのですが、会社の業績がガクッと落ちた時期と重なり、社長から、「10人減らして半分だけ採用する。使える人材、使えない人材、読めるでしょう。頼んだよ」と軽く言われて。嫌気が差して大ゲンカを経た後に辞めました。

ちょうどそのころ、人事ブログが流行っていたので、私も、日々の会社での出来事を書いていました。そして、辞めようというタイミングで「退職にあたり」というテーマでブログを書いたのです。毎日のアクセス数はせいぜい100アクセスほどで、多くても300ほど。

それが、「人を大切にしないトップは組織を頭から腐らせる」といった内容で会社を酷評したら、いきなり2万5000アクセスになって、大炎上です。60％は罵詈雑言、40％はがんばれよといった応援メッセージ。「お前になんか経営者の気持ちはわからない」という書き込みもあり、そこでムキになって、会社を興すことに決めました。

21歳の頃から、「10年後には会社をつくりたい」と考えていたので、当時26歳でしたから、5年前倒しになっただけの話です。

IT業界での採用が成功していたので、他業種からも、どうやって採用しているのかよく聞かれていました。需要があると思っていたので、「コンサルタントの仕事で独立しよう」と、採用コンサルタントの会社を始めたのです。簡単にいうと、学生の就職支援です。

どうせだったらその領域のトップを目指したいと、東京大学と京都大学の学生とリーディングカンパニーのマッチングをビジネスにしました。学生からはお金をもらわず、企業からお金をもらうビジネスモデルでした。

優秀な学生がたくさん集まりましたが、その学生たちが海外に行きたがるのです。特に優秀な学生たちほど、口を揃えて、「日本は政治が悪いから」と言っていました。

「政治が悪いから、僕らは国を捨てる」

「この国に希望を持てないから、国籍を変えて海外で事業を興す」

「えっ、日本の未来のリーダーたちが……。それはまずいだろう」と危機感を覚えました。

会社は順調に成長していましたが、そんなことをやっている場合ではないと思い始め、いつしか、「国会議員になろう」と考えるようになっていました。

そこで、政治家になるにはどうすればいいのだろうと調べ始めました。30代の10年間かけて勉強して、40歳になったころに立候補しようという目論見でした。

ところが、29歳の年末、大学のゼミの忘年会に数年ぶりに出かけたときのこと。いろいろな人が参加していて、久しぶりに再会した後輩から、「私、今、自民党の職員です」と言われたのです。

「俺はつい先週、国会議員になりたいと思ったところだよ」

「先輩、政治家に向いていると思いますよ。選挙、強そうですし」

「どうやったらなれるの？」

「世襲か、重鎮の政治家にかわいがられるか、あとは公募ですね」

彼女からはさりげなく、「**公募という制度**があるから、よかったら応募してみたらどうですか」とすすめられて、それなら、「京都と静岡の情報を教えて」と。最初に送られてきたのが、運命の京都3区の公募情報だったのです。そして、図らずも政治家への道がどんどん開けていったという次第です。

金子恵美が見た、宮崎謙介の新しい選挙

宮崎さんは、2回目の選挙、平成26（2014）年の衆議院議員総選挙では、**完全に新しい選挙**をしていました。

昔ながらの選挙戦は最低限は取り入れるにしても、**マーケティングによって自分の弱い地域や世代を的確に洗い出し、そこに向けて集中的にアピール**していたのです。

選挙期間中、「私、この後もう一件、会合に行かなくてはいけない」と電話で話したとき、「俺、これからマッサージ」と言うので、「えっ、そんなこと、選挙の最中にあり得ないでしょう」と心底驚きました。

「そんなのんきにしていて、大丈夫かな、勝てるかな」と心配しましたが、1回目よりも2回目の選挙のほうが票を伸ばしていたのです。相手はあの泉健太氏、現立憲民主党の代表ですから。びっくりですよね。

彼の新しい選挙法は、効率的で戦略的でおもしろいと思いました。要領がいい

というか、さすが雑草議員の宮崎さんです。

地域によって向き不向きがあるとは思います。新潟のようないわゆる保守的なドブ板選挙をする地域では通用しない気がしますが、可能性を感じましたね。

1

2

選挙区の制定！
国会議員の数を減らす！
政治家の活動を数値化する！
はいっ
借金せずに運動できる選挙システムをつくる！
秘書育成学校をつくる！
はいっ
僕らもいい選挙でいい代表者を選んでいい社会にしよう！

最高権力者の私が決めたこと
ニッポンに政治家を復活させる！

さて、ニッポンから政治家がいなくなって25年がたちました。ニッポンはどんなふうになったでしょうか。いろいろと妄想してきた結果、どうやら不条理な方向に進むようです。

なぜなら、私・金子恵美が最高権力者になってしまったのですから！

あ、でも、あの、あくまでもフィクションですよ。

これは強く言いたいのですが、私は決してルイ14世(＊10)のような絶対王政(＊11)の国王になりたいとか、権力欲にまみれた独裁者になりたいとか考えているわけではないのです。

ましてや、国政に戻る気持ちもありません。

あくまでもフィクションとしてのたとえ話として受け止めてくださいね。

散々なニッポンの姿を妄想して**「政治家はなくてはならない存在」**だと改めて思いました。みなさんはいかがですか？

私はよりよいニッポンをつくるために、政治家の復活は必須だと考えます！

しかしながら、その政治家がどういう人であるか、どういうふうに選ばれるかという点では、政治不信に陥らない最善策を考えていくべきです。

現実的ではないかもしれませんが、「こうなったらいいいな」「ああなったらいいな」という希望も含めた、私なりの提言を聞いてください。

新しい選挙制度にして、若者の一票の重みを変える

まずは、選挙制度の刷新にトライしましょう。

現在の世代間の人口比は相当アンバランスなので、若者の100％近くが投票したとしても、高齢者の投票数には勝てません。若者の人口が少ないからです。政治家としては選挙に勝ちたい気持ちがありますから、投票率の高い高齢者に向けた政策を打ち出します。私も最初の市議選では、そのあたりの戦略に悩みましたし、苦労しました。

それゆえ高齢者に手厚い政策がずっと続き、お金も投資バランスも偏ってしまうとされています。いわゆる「シルバー民主主義」ですね。

「若者は生まれながらにして負けている」とよく言われますが、残念ながらその通りで、どんなにがんばっても中高年層のボリュームには劣るので、若者世代の声は負けてしまいます。そうした理由もあって、若者たちは選挙に行かなくなり、さらなる悪循環が続く。

ならば、**若者の一票の重さを変えていく選挙**にしましょう。

立候補者に必ず若者代表を入れるようにするのです。

そのためには衆議院と参議院の両院で実施されている今の地域別の比例代表選挙の在り方を、年齢別、世代別のような代表別に変えるのもおもしろいアイデアだと思います。

選挙にお金がかかると、若者や新人が立候補しにくい

次はお金のかからない選挙にして、若者が立候補しやすくなるようにしたいと思います。

選挙にお金が必要なことはよくわかっているのですが、そうするとお金のない若者や新人が立候補するのは厳しくなります。

立候補するために会社を辞め、借金して選挙に出て、なんとか当選しても、次の選挙で落ちたら、残るのは借金だけ。リスクが高すぎますよね。

若くて優秀で、それなりの社会経験もあって、自分なりの政策もちゃんと持っていて、地域に対する気持ちも思いもある。そういう人たちは結構いるのです

が、お金の問題がネックになって立候補を諦めているのですね。

車を買い替える程度の資金繰りで、新人が立候補できる世の中になってほしいです。


となると、選挙制度の刷新です。

今は期数を重ねた現職議員に有利な選挙制度が確立されていて、新人議員がベテラン議員と一騎打ちで戦う場合、知名度のある現職議員が断然有利。議員自らの保身のための選挙制度なのです。

その思惑が透けて見えるから、政治不信にもつながっていくのだと思います。

現職ではなく新人がやりやすい選挙に変えていかないと、いつまでたっても、「政治家なんていらない」というみなさんの気持ちはそのままですよね。

無名の新人が対等に戦える選挙制度に刷新したら、「日本の政治、変わったね！」とはっきりわかって、いい流れに向かっていくでしょう。

政治家の意識改革の問題でもあるので、政治家復活の際にはぜひ肝に銘じておかなくてはいけません。

国会議員の数を減らすとしたら

国会議員の数は確実に多いと思います。

数は減らして、1人あたりの歳費を上げると、たくさんの人が目指したい仕事になるかもしれませんね。


参議院の選挙区は、都道府県を単位に設けられています。

しかし、一票の格差を是正するため、平成28（2016）年の選挙から、「鳥取と島根」「徳島と高知」をそれぞれ1つの選挙区にする「合区」が行われ、選挙区の数は45になりました。

「合区が進むと地方の声が届かなくなる」という議員もいますが、その理論はデジタルの時代には通用しないでしょう。今の高齢者はまだ使えないかもしれないけれど、時間がもう少し進むと、オンラインで声を聞くことが一般化してくると思うからです。

衆議院の小選挙区の数を「10増10減」する法律が成立しましたが、人口は減少しているので、10増10減だけでなく、議員の総数も減らしていったほうがいいと考えています。

そもそも二院制を維持する必要があるかどうかの議論もあっていいのかもしれませんが、いずれにしろがらりと変えたうえで、それこそ道州の単位で区割りするのもアイデアです。

そんなふうに妄想していくと、衆参両院合わせて原則713人いる国会議員は30%ほど減らして、合わせて500人程度でもいいのではないでしょうか。

みなさんはそれでも多いと思われますか？

政治家の通信簿が必要

政治家が何を成し遂げたか、具体的な成果はなかなか見えてきません。政治家がいなくなった後、もう一度新しい選挙で政治家を誕生させましょうとなったら、**投票の指針、判断基準になる、「政治家の通信簿」が欲しい**です。評価シートです。
たとえば欧米では、選挙時に発表した与党のマニフェストがどの程度達成されたのかが、マスコミやシンクタンクによって検証され、その進捗状況も発表されます。ですから、次の選挙で国民は、その検証結果をもとに、他の政党のマニフェストと比較しながら投票することができます。

現状の日本では、「政治家が質問に立った数」などが注視され、それが政治家同士でも比較されています。
質問は野党が増えるに決まっていますし、人数の多い与党議員には、なかなか質問の機会はまわってきません。質問回数で政治家の活動量を評価することに、果たして意味があるのでしょうか。

それよりも、「議員立法を何本成立させたか」というような具体的な成果のほうがわかりやすいと思いませんか。実際、全国会議員を対象に評価・分析しているＮＰＯもあるのです。

そこから一歩踏み込んで、「制度の改革や改正に関わりました」「地元ではこういう結果を残しました」という、日本のための仕事と地元のための仕事との二軸にして見える化し、全員同じフォーマットで通信簿にするのです。

地域や選挙区ごとの陳情数、未解決課題を見える化すれば、陳情をさばいていない議員がよくわかるでしょう。仕事をしていない議員は要らないとすれば、国会議員の数を削減することも叶いそうです。

内容が評価しにくい外交政策に関しては、党の方針も含めて、「今、こうなっています」と政治家がやっている仕事を見える化できたらうれしいです。

そうすると、仕事が何もできていない政治家は、落選する可能性が大いにあります。

私が最高権力者になったら、政治家一人ひとりに虚偽のない通信簿をつけて、正々堂々とみなさまに公表したいと考えます。

秘書探しは難しいから、秘書学校をつくる

政治家がいなくなったら秘書も要らなくなりますが、再び政治家が必要となれば、優秀な秘書は必須です。秘書は政治活動を円滑に進めていくうえで重要な人材ですからね。

秘書には、政策秘書、公設秘書、私設秘書がありますが、どの秘書も探すのは本当に大変です。

以前、とある世襲議員に、「いい秘書がいないか探しています」と話したら、「私も毎日そのことで頭がいっぱいよ」と言っていました。

自分との相性もありますし、政策にも通じていないといけません。

また、地元にいる私設秘書には、地域の人たちとうまく付き合えるスキルが必要です。ある程度フラットで、そつなくコミュニケーションが取れて、議員の代わりに挨拶もできて。プラス何かに気づいたらすぐに動ける人。そんなスーパーマンはそうそういないものなのです。

秘書は議員にとっては家族同然です。

秘書がしっかりしていると、政治家の間では結構話題になるのですよ。政治家よりも秘書のほうが評価されている事務所もあるくらいです。

一方で、議員と秘書との関係がギクシャクしてくると、最も怖いのはタレコミです。あるいは、相手側についてしまう。それがいちばんアウトなので、そうならないように丁寧にギリギリのところで駆け引きすることもあります。そういう意味でも、秘書問題は永遠のテーマなのです。

秘書はどこで見つけるのかというと、たとえば政策秘書や公設秘書は、選挙で自分の事務所の政治家が落選したら仕事がなくなるわけです。そういう方が誰かの紹介で面接に来ることはよくあります。紹介されたら無下に断れないですし、なかにはうさん臭い人もいるので見極めも難しい。

野党の秘書でも平気で与党にやってきますが、そのあたりは割り切っている印象です。

公設秘書と政策秘書には定年がありませんから、閉鎖的な永田町をグルグルまわっているのですね、きっと。

政策秘書と公設秘書の給与は国から一律で支給されますが、私設秘書の給料は議員が支払います。永田町と地元事務所では多少の違いはありますが、だいたい20万～30万円が相場でしょうか。

仕事の割には安いですよね。

ですが、この金額でも市町村の地方議員は絶対に雇えないです。

本当は市町村の地方議員の手当を増やして、より有能な秘書を雇える環境を整えてあげたらいいと思うのですが。特に町村議はボランティアのようなお手当しかないので、政治活動に限界がありますから。

こうなったら、**秘書を養成する専門学校が必要**ですね！

秘書に必要な、政策立案能力、事務処理能力、コミュニケーション能力は、カリキュラム化することで鍛えることができます。

そうしたら政治家が個人でゼロから教える必要もないですし、秘書に限らず政治に関わりたい人たちの入り口としても活用できそうです。

ただし、いちばん大事な気遣い・配慮という部分は、個人の資質によるところが大きいのですけれど（笑）。

官僚から渡される大量の資料を読みこなして紙1枚にわかりやすく要約する、そんなことができる優秀な秘書が育成されると、政治家が減っても困らなくなるかもしれません。

世論をキャッチできる高い感度がある優秀な秘書が増えたら、政治家はずっと仕事がやりやすくなるはずです。

＊1 田中角栄氏：内閣総理大臣（第64代、65代）などを歴任。日本列島改造論を計画・実行するなどさまざまな政策を成し遂げ、大きな影響力を持った昭和の政治家として知られる。

＊2 小渕恵三氏：内閣総理大臣（第84代）、内閣官房長官（第49代）などを歴任。自由党、公明党と連立政権を樹立。

＊3 中曽根康弘氏：内閣総理大臣（第71代、72代、73代）などを歴任。

＊4 福田赳夫氏：内閣総理大臣（第67代）などを歴任。

＊5 福田康夫氏：内閣総理大臣（第91代）、内閣官房長官（第67代、68代、69代）などを歴任。福田赳夫氏の長男。平成24（2012）年に政界を引退し、長男の達夫氏が地盤を引き継いだ。

＊6 八ッ場ダム：利根川支流の吾妻川中流域に建設された多目的ダム。運用開始は令和2（2020）年で、総事業費は日本のダム史上最高額とされる約5320億円。展望スペースや湖畔公園などもある。

＊7 中央集権：政治や行政の権限と財源などが中央政府に一元化されていること。

＊8 東京一極集中：政治、経済、文化といった社会の資本、資源、活動が東京都、または南関東（東京都、神奈川県、埼玉県、千葉県）に集中している状況。

＊9 小泉純一郎元首相：自民党所属の衆議院議員で、内閣総理大臣（第87代、88代、89代）などを歴任した。

＊10 ルイ14世：「朕は国家なり」で有名な、17世紀半ば～18世紀初頭のフランス国王。絶対王政の最盛期を築いた。

＊11 絶対王政：16～18世紀の西ヨーロッパで形成された、国王（君主）が絶対的な権力を持つ政治形態。

1

2

あ～
うるさい！
選挙に
行くのも
面倒だなあ～
火山噴子
おねがい
しま～す

3

でも投票は
やっぱり大事だね
政治家がいないの
困るしね！
投票箱

4

エピローグ

もともと政治は生活そのものであり、政治家は社会や暮らしをよくしてくれる人であったはずです。しかし、今となっては、不祥事やスキャンダルばかりがクローズアップされるという、情けない時代になりました。

もしも日本から政治家がいなくなったら、どうなる？

そんな突拍子もない妄想にお付き合いいただきましたが、**政治家不在のパラレルワールドは、官僚たちが思い通りに進める辛口ドライなニッポンでした。**

そんな社会で生きていくことを考えると、居心地が悪くて、楽しくなさそうです。今よりずっと不条理な世の中になって、窮屈な感じがしませんか？

やっぱり、政治家は必要だった！

政治家は必要です。必要なのですが、反省すべきは反省して、信頼を回復し、期待してもらえるような努力をしなければいけません。

永田町や霞が関には、しっかりと危機感を抱いてほしいものです。


本書を通じて、今、政治なんて必要ないと思っている人には、政治のことを少しでも知っていただきたいですし、今、政治に携わっている人には、政治は期待されず、政治家の存在も薄くなっていることに気づいてもらえたら本望です。

最後になりましたが、執筆にあたり、議員時代の仲間や官僚のみなさんにお世話になりました。なかでも現役国会議員のみなさまと某省Ｗ氏には多大な感謝をしております。ありがとうございました。

２０２３年春　金子恵美

著者／金子恵美　かねこめぐみ

元衆議院議員

１９７８年新潟県生まれ。２００７年に新潟市議会議員選挙で初当選し、政治の道へ。新潟県議会議員を経て、２０１２年に第46回衆議院議員総選挙に自民党公認として出馬し、国政へ。２０１６年には総務大臣政務官を務める。２０１７年の衆議院議員総選挙で落選し、その後、政界を引退。以来、さまざまな分野でより多くの人に政治に関心を持ってもらうべく活動の場を広げ、コロナ禍では厚生労働副大臣直轄の女性支援プロジェクトメンバーにも選出された。フジテレビ「めざまし8」、ＣＢＣ「ゴゴスマ」など、多数のメディアでコメンテーターとして出演し、「発言が誠実で信頼できる」と幅広い世代から支持を集めている。本書の監修者である宮崎謙介は夫。

監修／宮崎謙介 みやざきけんすけ

元衆議院議員

1981年東京都生まれ。大学卒業後、一般企業に就職した後、就職支援事業会社を創業。「勢いで」国会議員になることを決め、2011年、自民党京都3区の公募に合格し、翌年の第46回衆議院議員総選挙で初当選。衆議院議員を辞職後は、経営コンサルティング会社を立ち上げ、現在は22社の顧問を務めている。プライベートでは、妻の金子恵美との間に息子が一人おり、毎日の朝食を作るのが日課。TBS「サンデージャポン」、テレビ朝日「TVタックル」などに出演。著書に『国会議員を経験して学んだ実生活に即活かせる政治利用の件。』（徳間書店）。

装丁・まんが　大塚さやか
企画協力　レプロエンタテインメント
編集協力　本村範子

もしも日本から政治家がいなくなったら

発行日　2023年6月5日 第1刷発行

著　者　**金子恵美**

発行者　**清田名人**

発行所　株式会社内外出版社
〒110-8578 東京都台東区東上野2-1-11
電話 03-5830-0368（企画販売局）
電話 03-5830-0237（編集部）
https://www.naigai-p.co.jp/

印刷・製本　中央精版印刷株式会社

Printed in Japan　ISBN978-4-86257-653-8